ellermann

Petra Maria Schmitt, geboren 1959 in Alsdorf bei Aachen, studierte Sozialpädagogik in Köln. Angeregt durch ihre drei Kinder, begann sie, Geschichten für Kinder zu schreiben. Mittlerweile ist sie eine erfolgreiche Autorin. Sie schreibt nicht nur Bücher, sondern auch Geschichten für Hörfunk und Fernsehen. 2007 erlitt sie einen schweren Schlaganfall; nach einer mehrjährigen Auszeit ist sie nun wieder als Autorin tätig.

Christian Dreller wurde 1963 in Neumünster geboren, studierte Slawistik und Geschichte und arbeitete in Kinder- und Comicbuchverlagen. Seit 2005 ist er unter anderem als Übersetzer, Autor und Lektor tätig.

Heike Vogel wurde 1971 geboren. Sie studierte an der Fachhochschule für Gestaltung in Hamburg und seit 1999 arbeitet sie als Illustratorin für verschiedene Verlage. Heike Vogel lebt mit ihrer Familie in Hamburg.

Wir danken Bärbel Oftring, Ralf Schubert, Grit Heider und Martina Bockelmann für die fachliche Beratung.

MIX
Papier aus verantwortungsvollen Quellen
FSC® C002795

Limitierte Ausgabe mit Audio-CD

ellermann im Dressler Verlag · Hamburg

Einband und farbige Illustrationen von Heike Vogel
Erstausgabe ohne Audio-CD 2010: Verlag Heinrich Ellermann GmbH, Hamburg

Audio-CD: 2012 Aktive Musik Verlagsgesellschaft mbH
Sprecher: Ingeborg Wunderlich und Dominik Freiberger
Musiker: Simone Witt - Akkordeon und Klavier, Ralf Kiwit - Xylofon, Saxofon und Bass, Ben Ahrens - Schlagzeug und Percussions, Rudi Mika - Geige, Banjo, Gitarre und Mandoline
Aufnahme: auraton Studio, Berlin - Ton und Technik: Patrick Ehrlich, subTone Studio, Dortmund - Ton und Technik: Ralf Kiwit
Master im: subTone Studio
Produktion: Rudi Mika
Illustration: Heike Vogel
Reproduktion: igoma GmbH, Hamburg
Druck und Bindung: SIA Livonia Print, Ventspils iela 50, LV-1002 Riga, Latvia
Printed 2019
ISBN 978-3-7707-0193-3

www.ellermann.de

Petra Maria Schmitt · Christian Dreller

Warum ist die Banane krumm?

mit Audio CD

Vorlesegeschichten für neugierige Kinder

Bilder von Heike Vogel

ellermann im Dressler Verlag GmbH · Hamburg

Inhalt

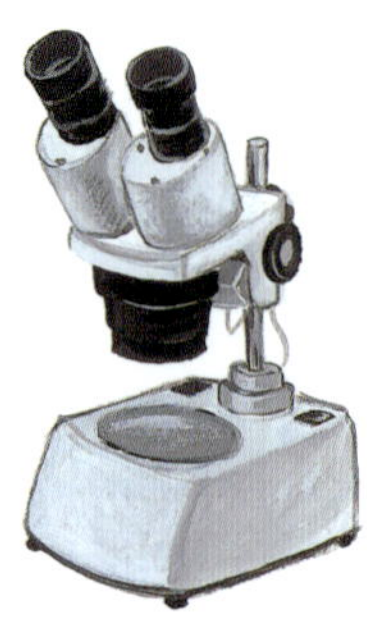

Warum ist die Banane krumm?

Super!, denkt Tim und schnappt sich Carolins Tablet, welches sie in der Küche liegen gelassen hat. Allerdings mag Carolin es nicht, wenn ihr kleiner Bruder einfach ihre Sachen nimmt. Deshalb muss Tim erst mal die Lage peilen. Er wirft einen Blick auf den Balkon. Volltreffer! Carolin liegt im Liegestuhl und sonnt sich.

Tim freut sich. Sonnenbaden ist nämlich Carolins neueste Lieblingsbeschäftigung. Das kann Stunden dauern! Überhaupt ist sie sehr merkwürdig geworden, seit sie aufs Gymnasium geht. Plötzlich hält sie sich für unheimlich schlau und furchtbar erwachsen. Und nennt Tim nur noch »Krümel«.

Kaum hat Tim angefangen zu spielen, kommt Carolin in die Küche.

»Gib sofort mein Tablet her!«, tobt sie.

»Bitte, Caro …«, bettelt Tim.

Aber seine Schwester lässt sich nicht erweichen. Da muss Tim schon zu anderen Mitteln greifen.

»Und wenn ich Trixis Käfig sauber mache?«

Trixi ist Carolins Meerschweinchen.

»Pech für dich! Der ist schon sauber!«, antwortet Carolin und beißt genüsslich in eine Banane. Doch plötzlich hält sie inne, begutachtet die Banane von allen Seiten und fragt: »Warum ist die Banane krumm?«

Tim hat keine Ahnung.

»Schade«, sagt Carolin. »Wenn du es gewusst hättest, hätte ich dir mein Tablet für einen ganzen Tag ausgeliehen!«

So eine Gemeinheit! Typisch Carolin! Doch so schnell gibt Tim nicht auf. »Und wenn ich es herausfinde?«

»Du Krümel willst das herausfinden? Das schaffst du doch nie!«

»Abgemacht?«, fragt Tim.

»Abgemacht!«, antwortet Carolin, wirft die Bananenschale in den Biomüll und stolziert zurück zu ihrem Liegestuhl.

Tim überlegt. Wie soll er nur herausfinden, warum die Banane krumm ist? Da fällt ihm Oma ein. Denn Oma liebt Pflanzen. Deshalb geht sie öfter in so einen Garten, in dem es ganz viele Pflanzen gibt.

Tim greift zum Telefon. Es dauert nicht lange, und Oma ist am Apparat.

»Hallo, Oma. Hast du Lust, mit mir in den Dingsda-Garten zu gehen?«, fragt Tim.

»Ach, hallo, Tim, du meinst bestimmt den Botanischen Garten. Seit wann interessierst du dich denn für Pflanzen?«, fragt Oma erstaunt.

»Seit heute«, antwortet Tim.

»Das freut mich! Und ich dachte schon, ich wäre der einzige Blumenfreund in der Familie. Ich komme dich in einer halben Stunde abholen. Bis gleich!«

Tim geht zum Fenster und wartet ungeduldig auf Oma. Auf keinen Fall soll Carolin etwas von seiner Verabredung mitbekommen. Auf die Minute genau fährt Oma mit ihrem kleinen Auto vor. Sofort läuft Tim ihr entgegen. Kaum sitzt er angeschnallt im Auto, fährt Oma auch schon wieder los. »Wir müssen uns ein wenig beeilen, denn der Botanische Garten schließt in zwei Stunden«, sagt sie und gibt Gas.

Im Botanischen Garten kommt Tim aus dem Staunen nicht mehr heraus. Der ist ja riesig! Und wie viele Gewächshäuser es hier gibt! Ein Orchideenhaus, ein Kakteenhaus, ein Palmenhaus, ein Wasserpflanzenhaus, ein Afrikahaus, ein Nutzpflanzenhaus und noch vieles mehr. Ob Tim in diesem Pflanzenhäusergewimmel überhaupt Bananen findet?

Er fragt seine Oma, aber die ist sich auch nicht sicher.

»Bestimmt im Afrikahaus!«, sagt Tim schließlich, und gemeinsam machen sie sich auf den Weg.

Im Afrikahaus gibt es sehr viele Pflanzen. Aber keine Bananenstauden. Schließlich fragt Oma einen Gärtner. Das war eine gute Idee, denn der Gärtner kennt sich aus und erklärt: »Alle denken immer,

dass die Bananen im Afrikahaus zu finden sind. Dabei wachsen Bananen auch in Indien, Südamerika, Thailand, auf den Philippinen, ja sogar in China. Und die Bananen, die wir im Supermarkt kaufen, kommen meistens von den Kanarischen Inseln.«

»Und wo finden wir nun die Bananen?«, fragt Tim ungeduldig.

»Im Nutzpflanzenhaus«, antwortet der Gärtner. »Das ist gleich nebenan. Ich bin gerade auf dem Weg dorthin. Wenn du magst, können wir zusammen zu den Bananenstauden gehen.«

Dieses Angebot lassen Tim und Oma sich natürlich nicht entgehen. Und das war gut so, denn im Nutzpflanzenhaus weiß Tim gar nicht, wo er zuerst hingucken soll. Hier gibt es nämlich nicht nur Bananenstauden. Auch Kakao- und Gummibäume, Ananas, Zuckerrohr, Baumwoll- und Erdnusspflanzen. Eben all die Pflanzen, die irgendwie nützlich für den Menschen sind. Und dann sieht Tim die Bananenstauden. Bis zu sechs Meter sind sie hoch!

»Wow!«, ruft er beeindruckt.

Manche Bananenstauden haben Blüten, aus denen sich später die Bananen entwickeln. An anderen hängen klitzekleine Bananen, die noch ganz gerade aussehen. Und an wieder anderen hängen Bananen in der Größe, wie Tim sie kennt. Und diese Bananen sind krumm, nach oben gebogen. Allerdings sind sie nicht gelb, sondern grün. Doch egal ob groß oder klein, immer hängen sie in Kränzen zusammen. Dabei hat jede Pflanze viele Kränze, die alle übereinanderliegen.

»Siehst du«, sagt Oma. »Wenn die Bananen nicht krumm wachsen würden, würden die Bananen unter ihnen im Dunkeln liegen und könnten nicht wachsen. Damit also jede einzelne Banane genug Licht bekommt, wachsen die Bananen immer mehr nach oben, dem Licht entgegen. Und dabei werden sie krumm.«

Tim versteht das noch nicht. »Aber warum wachsen sie denn krumm zum Licht?«, fragt er. »Warum wachsen sie nicht einfach seitlich? Das wäre doch viel einfacher und die Banane gerade.«

Das weiß Oma auch nicht und zuckt mit den Schultern.

Doch zum Glück ist ja noch der Gärtner da. »Wenn die Bananen seitlich von der Pflanze weg wachsen würden, also gerade zum Licht, könnte die Pflanze aus dem Gleichgewicht geraten und umfallen.«

»Oje, das wäre schlimm«, sagt Oma.

»Deshalb haben sich die Pflanzen einen Trick ausgedacht«, fährt der Gärtner fort.

Das findet Tim spannend und fragt gleich: »Und was für einen?«

»Den sogenannten negativen Gravitropismus«, erklärt der Gärtner weiter. »Das meint, dass die Pflanzen nicht zum Boden wachsen, sondern beginnen, sich in Richtung Sonne zu drehen. Die Frucht wächst also gegen die Schwerkraft und nimmt so ihre bekannte krumme Form an.«

»Das habe ich auch nicht gewusst«, sagt Oma. »Man lernt doch nie aus!«

Auf der Nachhausefahrt ist Tim sehr still. Unbedingt möchte er dieses schwierige Wort behalten und sagt es sich in Gedanken immer wieder vor: »Negativer Gravitropismus, negativer Gravitropismus …«

Zu Hause staunt Carolin nicht schlecht, als Tim in ihr Zimmer stürmt und ihr als Erstes vom negativen Gravitropismus erzählt und warum die Banane krumm ist.

Carolin ist sprachlos, schluckt und stammelt tonlos:

»Woher weißt du das alles?«, fragt sie.

Doch Tim verrät nichts. »Auch Krümel sind nicht dumm! Und jetzt bekomme ich dein Tablet«, sagt er nur und grinst.

»Aber nur bis morgen!«, sagt Carolin verärgert.

»Kein Problem«, antwortet Tim.

Denn übermorgen hat er sowieso schon etwas Besseres vor. Dann geht er nämlich wieder mit Oma in den Botanischen Garten. Und das ist viiiel spannender, als mit dem Tablet zu spielen!

Warum hat der Regenwurm keine Füße?

Marie schlägt die Augen auf. Als Erstes sieht sie ihre blaue Geburtstagskrone mit den goldenen Zacken und der großen Fünf in der Mitte. Da fällt es Marie wieder ein. Heute hat sie Geburtstag! Heute wird sie fünf!

Schnell springt sie aus dem Bett und setzt die Geburtstagskrone auf. Denn auf ihre selbst gebastelte Krone ist Marie sehr stolz.

Plötzlich steigt ihr ein ganz besonderer Duft in die Nase. Das riecht nach ihrem Lieblingsapfelkuchen! Marie stürmt die Treppe hinunter. Und tatsächlich! Als sie unten ankommt, holt Mama gerade den Kuchen aus dem Backofen.

»Hm, lecker!«, ruft Marie und klatscht vor Freude in die Hände.

»Alles Liebe zum Geburtstag!«, sagt Mama und hält Marie den duftenden Kuchen unter die Nase. Doch bevor sie davon naschen kann, zieht Mama ihn schnell wieder weg. »Der ist für heute Nachmittag, wenn deine Geburtstagsgäste kommen!«

Schon im nächsten Moment zaubert Mama mehrere hübsch eingepackte Paketchen hervor. Und Papa legt seine geliebte Zeitung beiseite und holt ein großes, langes Geschenk hinter der Wohnzimmergardine hervor.

»Herzlichen Glückwunsch zum Geburtstag«, sagt nun auch Papa.

Marie strahlt. So viele Geschenke! Was da wohl drin ist? Aber am neugierigsten macht sie das gro-

ße, lange Geschenk. Mit einem Ratsch reißt sie das bunte Papier auseinander. Und zum Vorschein kommt ein Schmetterlingsnetz.

»Oh, wie schön!«, ruft Marie. »Jetzt kann ich Schmetterlinge fangen.«

Dann packt sie die anderen Geschenke aus. Im ersten sind eine Lupe und eine Pinzette. Im zweiten sind mehrere Insektendosen. Und im dritten ein Buch. Darin sind Käfer, Raupen und Schmetterlinge abgebildet.

»Das ist ein Forscherset!«, sagt Papa feierlich.

»Ein Forscherset?«, fragt Marie.

»Ja«, antwortet Mama. »Damit kannst du Tiere einfangen und sie dir ganz genau ansehen. Und wenn du mal nicht weißt, welches Tier du gefangen hast, siehst du einfach im Buch nach.«

»Toll!«, ruft Marie und rennt schnurstracks mit dem Schmetterlingsnetz in den Garten. Mama und Papa folgen samt Insektendosen, Pinzette, Lupe und Buch.

Marie sieht sich um. Schmetterlinge flattern keine durch die Luft. Das einzige Tier, das Marie entdeckt, ist Bruno, der dicke grau-schwarze Kater von nebenan. Der liegt faul auf der Wiese und sonnt sich.

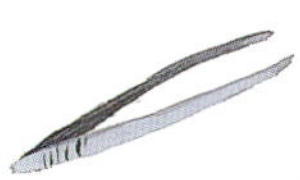

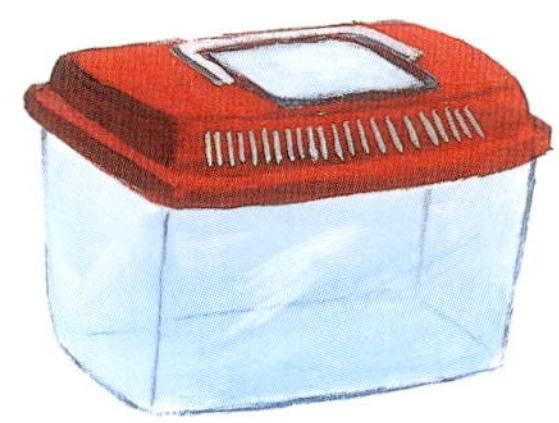

»Mal sehen, was sich in deinem Fell so alles verbirgt!«, sagt Marie und holt die Lupe hervor. Dann untersucht sie Brunos schönes Fell. Der findet das ganz toll und fängt an zu schnurren. Aber leider hat er weder Flöhe noch Zecken.

Das findet Marie langweilig. Und ehe Bruno sich versieht, ist sie mit der Lupe schon unterwegs zum Blumenbeet. Bei den Margeriten schreit sie plötzlich auf: »Ahhh! Sieht die aber gefährlich aus!«

»Was denn?«, fragt Papa.

»Die Spinne! Guck mal! Durch die Lupe ist sie ganz groß!«

Papa guckt durch die Lupe. »Ja, wirklich!«, sagt er und sieht sich die Spinne von allen Seiten an. Und plötzlich will Papa die Lupe gar nicht mehr hergeben. Stattdessen fängt er an, den Boden zu untersuchen. Und es dauert nicht lange, da hat er einen Regenwurm entdeckt.

»Schnell, gib mir eine Insektendose, bevor er wieder in der Erde verschwindet!«, ruft Papa.

Sicherheitshalber nimmt er den Regenwurm schon mal aus dem Beet. Nun zappelt er zwischen Papas Fingern.

»Auf unseren kleinen Freund müssen wir gut aufpassen. Regenwürmer sind nämlich gut für den Garten!«, sagt Papa.

»Wieso?«, fragt Marie.

»Weil Regenwürmer die meiste Zeit unter der Erde leben. Pausenlos durchwühlen sie die Erde und fressen dabei.«

»Was fressen sie denn?«, fragt Marie neugierig.

»Erde«, antwortet Papa.

»Ihhh, das schmeckt doch gar nicht!«, ruft Marie und verzieht das Gesicht.

»Dem Regenwurm schon. In der Erde sind nämlich viele kleine Pflanzenteilchen enthalten. Und davon lebt der Regenwurm. Dadurch scheidet er humusreichen Kot aus, der die Erde schön fruchtbar macht«, erklärt Papa. »Aber das ist noch nicht alles! Durch die vielen Gänge, durch die der Regenwurm kriecht, wird der Boden auch noch herrlich locker. Und das ist gut für die Pflanzen, weil sie so besser an die Nährstoffe im Boden kommen.«

Und schwups!, landet der Regenwurm in der Insektendose, die Marie geholt hat.

Papa nimmt derweil den eingefangenen Regenwurm unter die Lupe. Das will Marie sich auf keinen Fall entgehen lassen. Schnell läuft sie zu Papa.

»Nanu? Wo sind denn seine Augen?«, fragt sie erstaunt.

»Er hat keine«, antwortet Papa. »Und er braucht auch keine. Denn unter der Erde ist es stockdunkel. Das ist genau wie beim Maulwurf. Der lebt ja auch die meiste Zeit unter der Erde und kann nichts sehen.«

»Und wo ist sein Mund?«, will Marie wissen.

»Der ist so klein, dass man ihn mit bloßem Auge nicht erkennen kann. Aber durch die Lupe kannst du eine klitzekleine Öffnung sehen.«

»Tatsächlich!«, sagt Marie und staunt.

»Und warum hat der Regenwurm keine Füße?«, fragt Marie weiter.

»Damit sie im Regen nicht nass werden!«, antwortet Papa und lacht.

Da muss auch Marie lachen.

Mama schüttelt schmunzelnd den Kopf und sagt: »Wenn man Füße hat, braucht man ein Skelett. Und das hat der Regenwurm nicht.«

Was ein Skelett ist, weiß Marie. Denn beim Kinderarzt steht ein Knochenmann. Der heißt Charlie. Und damit Marie keine Angst vor Charlie hat, durfte sie ihm schon mal die Hand schütteln.

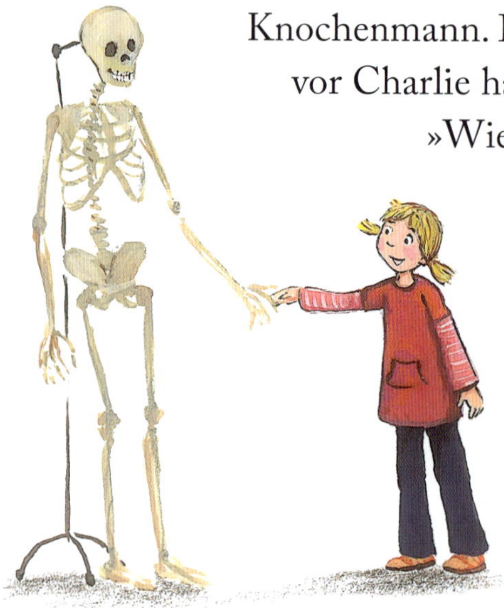

»Wie bei Charlie!«, ruft Marie.

»Genau«, sagt Mama. »Wir Menschen haben ein Skelett aus Knochen und eine Wirbelsäule, die den Körper stützt und ihn mit dem Kopf und den Beinen verbindet. Solch ein Skelett nennt man Innenskelett, ganz einfach, weil es innen im Körper ist. So ein Skelett haben Menschen, Fische, Vögel, Katzen …«

»… und Bruno!«, ruft Marie dazwischen.

Mama nickt. »Es gibt aber auch Tiere, die ein Außenskelett haben. Wie zum Beispiel Krebse, Insekten und Spinnen. Doch wenn man weder ein Innen- noch ein Außenskelett hat, kann man auch keine Füße haben. Woran sollten die Füße festgemacht sein?«

»Aber wie kommt ein Regenwurm ohne Füße vom Fleck?«, fragt Marie.

»Durch seine Muskeln«, antwortet Mama und dreht die Insektendose vorsichtig um. Der Regenwurm landet im Blumenbeet. Er ist so froh, endlich wieder Erde unter sich zu haben, dass er ganz schnell versucht, wegzukommen. Marie sieht genau hin. Plötzlich wird der Regenwurm ganz lang und schmal. Dann zieht er sich zusammen und wird kurz und dick. Und jedes Mal, wenn er das tut, schiebt er sich ein kleines Stückchen nach vorn. Und es dauert nicht lange, da ist der Regenwurm wieder in der Erde verschwunden.

»Mensch«, staunt Marie. »Hat der Muckies!«

»Ich auch!«, sagt Papa und spannt stolz seine Armmuskeln an. »Und Köpfchen! Denn ich weiß, warum der Regenwurm Regenwurm heißt!«

Jetzt sind Marie und Mama aber gespannt.

»Weil der Regenwurm meistens bei Regen aus der Erde kommt. Denn wenn es regnet, laufen seine Tunnel voll Wasser. Und damit er nicht ertrinkt, kommt er ganz schnell an die Oberfläche, wenn es regnet.«

Jetzt weiß Marie, warum der Regenwurm keine Füße hat. Und sie hat sogar noch viel mehr erfahren. Wie gut, dass Mama und Papa ihr ein Forscherset zum Geburtstag geschenkt haben! Ein spannenderes Geschenk hätte Marie sich gar nicht vorstellen können. Und wer weiß, was es noch alles zu entdecken gibt!

Welches Tier ist das stärkste?

»Aufstehen, die Schule ruft«, sagt Mama, als sie ins Zimmer kommt. »Guten Morgen, du Schlafmütze.«

Schweren Herzens schiebt Malte die Bettdecke zur Seite.

Eigentlich geht er ja gern zur Schule. Wenn da nur nicht Kevin wäre! Kevin geht auch in die 2a, genau wie Malte. Doch Kevin ist einen ganzen Kopf größer und viel kräftiger als Malte. Und nur weil Malte der Kleinste aus der Klasse ist, nennt Kevin ihn »Winzling« und schubst ihn bei jeder Gelegenheit herum.

Einen kurzen Moment überlegt er, ob er nicht plötzlich ganz schreckliche Bauchschmerzen bekommen sollte. Andererseits müsste er dann den ganzen Tag im Bett bleiben und Kamillentee trinken. Schon beim

bloßen Gedanken daran verzieht er das Gesicht. Da lässt Mama nämlich nicht mit sich handeln. Und das gerade heute, wo Papa die kleinen Dschungeltierchen aus der Uni mitbringt! Unmöglich, da im Bett zu bleiben!

Maltes Papa ist Mikrobiologe. Das sind Leute, die winzig kleine Tiere erforschen. Die Tiere sind so klein, dass man sie mit bloßem Auge nicht oder kaum sehen kann. Aber wenn man diese kleinen Lebewesen unter dem Mikroskop ansieht, sind sie plötzlich riesengroß und sehen mit ihren langen Haaren, Fühlern und Krallen tausendmal gruseliger aus als King Kong!

Kein Wunder also, dass Malte darauf brennt, die kleinen Dschungeltierchen anzusehen. Ein eigenes Binokular hat Malte auch. Das hat Papa ihm geschenkt.

Ein Binokular ist so etwas Ähnliches wie ein Mikroskop. Nur dass es nicht ganz so stark vergrößert. Für Malte ist das prima. So kann er nämlich Tiere und Pflanzen im Ganzen sehen und nicht nur einzelne Beine oder Fühler, wie unter dem Mikroskop.

Zu Hause hat Malte schon alles untersucht, was er finden konnte. Tote Fliegen, Mücken und Schnaken. Ja sogar Apfelkerne, Kartoffelschalen, Pilze, Salatblätter, Petersilie, Erdbeeren und, und, und … Selbst langweilige Kartoffelschalen sehen unter dem Binokular aus wie Gebilde aus einem Zauberwald. Malte fühlt sich dann wie ein Forscher, der eine völlig neue Welt entdeckt. Das ist einfach toll!

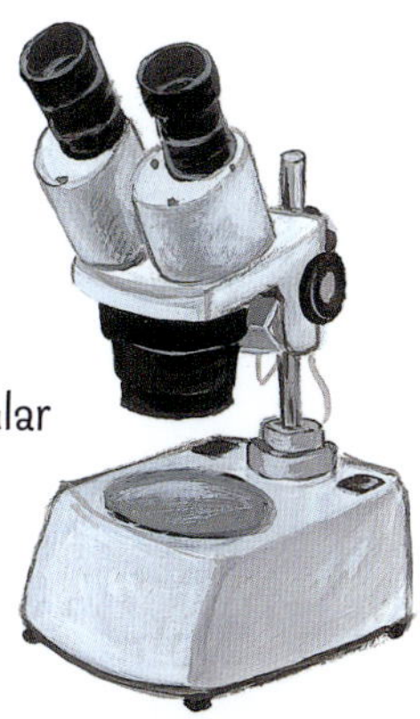
Binokular

Malte geht also doch lieber zur Schule. Vielleicht hat Kevin sich in den Ferien ja auch geändert.

Als er in die Küche kommt, frühstücken Mama und Papa schon.

»Na, du Langschläfer?«, sagt Mama. »Die Herbstferien sind vorbei. Heute geht's wieder los!«

»Hm«, macht Malte und schüttet einen kleinen Berg Cornflakes in seine Schüssel.

»Bist du noch böse auf mich?«, fragt Papa. »Es tut mir wirklich leid, dass ich in den Ferien so wenig Zeit für dich hatte. Aber heute mache ich früher Schluss. Wenn du möchtest, kann ich dich von der Schule abholen.«

»Mit den Dschungeltierchen?«, fragt Malte erwartungsvoll.

»Natürlich! Dann können wir uns den ganzen Nachmittag damit beschäftigen.«

Malte fällt Papa um den Hals und denkt: Da wird Kevin aber Augen machen! Außerdem sieht er in der Schule auch Clara wieder. Malte mag Clara. Und plötzlich hat er richtig große Lust, zur Schule zu gehen.

Gut gelaunt macht er sich auf den Weg. Als er den Schulhof betritt, kommt auch Kevin an. Kevin ist sofort umringt von anderen Jungs aus der Klasse. Als Kevin Malte erblickt, geht er geradewegs auf ihn zu. Das hat nichts Gutes zu bedeuten, und Malte wünscht sich zurück in sein kuscheliges Bett. Wie konnte er nur glauben, dass Kevin sich in den Ferien geändert hätte?

Und tatsächlich. Kevin baut sich vor Malte auf und sagt spöttisch: »Na, du Winzling? Bist ja immer noch genauso klein wie vor den Ferien!« Die anderen lachen. Alles ist wie immer. Doch bevor Kevin Malte einen Schubs verpassen kann, klingelt es. Malte war noch nie so froh über die Schulklingel. Die Jungs stürmen in die Klasse. Ausgerechnet da kommt Clara vorbei! Malte würde am liebsten in Grund

und Boden versinken. Bestimmt hat sie alles gesehen und will nun nichts mehr mit ihm zu tun haben.

Für die erste Stunde nach den Ferien denkt Frau Neumann, die Lehrerin, sich immer etwas Besonderes aus. So auch heute. Kaum sitzen alle auf ihren Plätzen, fragt sie: »Welches ist das stärkste Tier?«

Aus dem Stimmengewirr hört man »Elefant, Bär, Tiger, Löwe, Krokodil« heraus. Und Kevin brüllt: »Quatsch! Der Tyrannosaurus Rex ist das stärkste Tier!«

»Der zählt aber nicht! Dinosaurier sind doch schon längst ausgestorben!«, ruft Clara.

Frau Neumann nickt und sieht sich in der Klasse um, ob noch jemandem etwas einfällt. Für einen Moment ruht ihr Blick auf Malte. Normalerweise sagt Malte nicht viel im Unterricht. Auf keinen Fall will er auffallen. Sonst lachen Kevin und die anderen Jungs noch mehr über ihn. Doch jetzt, wo Frau Neumann und auch Clara ihn so erwartungsvoll ansehen, nimmt er seinen ganzen Mut zusammen und sagt: »Das stärkste Tier ist eine winzig kleine Milbe, die noch nicht mal einen Millimeter groß ist und gerade mal ein zehntausendstel Gramm wiegt!«

Das Klassenzimmer bebt vor Lachen. Nur Frau Neumann und Clara lachen nicht. Nach und nach verstummt das Gelächter. Und als es in der Klasse wieder einigermaßen ruhig ist, sagt Frau Neumann: »Sehr gut. Malte hat recht. Dieses kleine Tierchen heißt Hornmilbe und lebt im Urwald von Puerto Rico.«

Frau Neumann geht zur Weltkarte und zeigt auf ein kleines Land zwischen Nord- und Südamerika. »Hier liegt Puerto Rico. Forscher haben die winzige Hornmilbe dort im Boden des Urwalds entdeckt. Sie ist so stark, dass sie das 1200-Fache ihres eigenen Körpergewichtes stemmen kann!«

Hornmilben

»Hahaha! Milben sollen die stärksten Tiere sein! Das glaube ich nie im Leben!«, ruft Kevin. »Ein Elefant ist tausendmal stärker! Der kann mit seinem Kopf sogar Bäume fällen! Das habe ich im Fernsehen gesehen!«

»Das ist richtig. Aber im Vergleich zu seinem Gewicht ist die Leistung dann gar nicht mehr so großartig«, antwortet Frau Neumann.

»Wie?«, fragt Kevin. »Das versteh ich nicht!«

»Am besten erkläre ich das an einem Beispiel. Wie schwer bist du?«

»40 Kilo«, murmelt Kevin und wird ein bisschen rot.

Frau Neumann rechnet kurz und sagt dann: »Wenn du genauso stark wärst wie die Hornmilbe, dann könntest du 28 Autos übereinandergestapelt tragen!«

Alle staunen.

»Und woher wissen Sie das?«, fragt Kevin

»Das kann man leicht ausrechnen«, erklärt Frau Neumann. »Wenn du 40 Kilo schwer bist, rechne ich dein Gewicht mal 1200, also 40 mal 1200. Das macht 48.000 Kilo. Und genau diese 48.000 Kilo müsstest du tragen können. Ein Auto wiegt aber nur ungefähr 1700 Kilo. Das weiß ich so genau, weil ich mir vor Kurzem ein neues Auto gekauft habe. Wenn ich nun 48.000 Kilo durch 1700 Kilo teile, kommt 28 heraus. Also müsstest du 28 Autos tragen können.«

»Dann ist die Hornmilbe ja eine richtige Herkulesmilbe!«, staunt Kevin. »Aber wieso ist sie so stark?«

»Das ist eine interessante Frage!«, antwortet Frau Neumann.

»Noch rätseln die Mikrobiologen, warum gerade die Hornmilbe solche Kräfte besitzt. Man vermutet, dass der Bodenbewohner ab und zu schwere Brocken aus dem Weg räumen muss und deshalb so stark ist. Bisher dachte man ja, dass die Ameisen die stärksten Tiere seien. Ameisen können immerhin das 50-Fache ihres eigenen Gewichtes tragen. Doch ob Hornmilbe oder Ameise, eines bleibt gleich: Es kommt nicht immer auf die Größe an! Manchmal sind es nämlich gerade die Kleinen, die ganz besondere Stärken haben!«

Bei diesen Worten legt Frau Neumann ihre Hand auf Maltes Schulter.

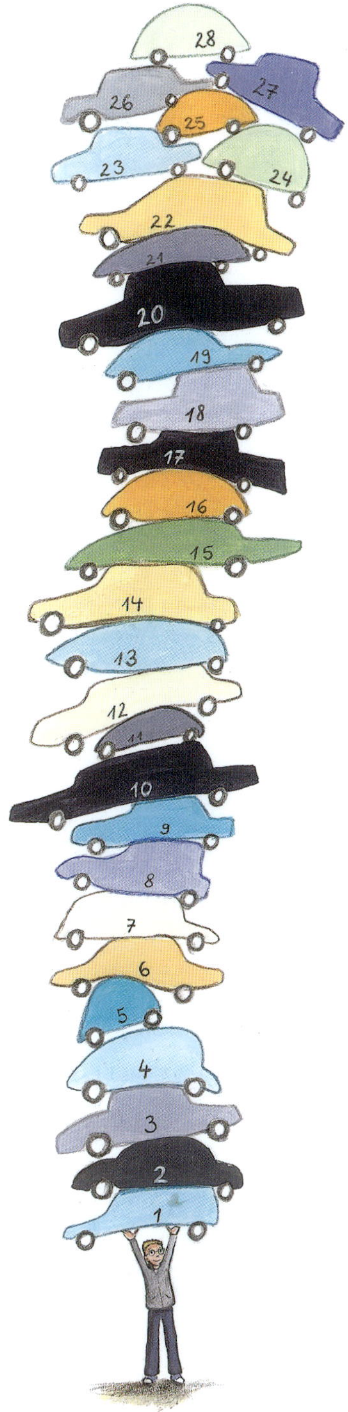

»Und das hast du alles gewusst?«, fragt Clara Malte bewundernd.

Malte nickt und sagt: »Hmm. Mein Vater ist Mikrobiologe! Das ist superspannend! Du kannst ja mal zu mir kommen. Dann darfst du durch mein Binokular gucken!«

»Ein Bino-was?«, fragt Clara.

»Das erkläre ich dir, wenn du bei mir bist«, antwortet Malte und lächelt.

Selbst Kevin wird neugierig und fragt: »Und die Herkulesmilbe? Hast du die auch?«

»Die Hornmilbe und noch viele andere Dschungeltierchen aus Puerto Rico«, antwortet Malte stolz.

Plötzlich wollen sich alle mit Malte verabreden. Und bevor er bis drei zählen kann, ist er für die ganze Woche ausgebucht.

Und als Papa Malte von der Schule abholt, kommt Kevin gleich mit. Doch vorher musste Kevin schwören, Malte nie wieder »Winzling« zu nennen oder ihn zu schubsen. Und damit Kevin seinen Schwur auch ja nicht wieder vergisst, hat Frau Neumann ihn Wort für Wort in ihr schlaues Notizbuch geschrieben. Für alle Fälle.

Warum können Flugzeuge fliegen ?

Vor lauter Aufregung weiß Bastian gar nicht, wo er zuerst hingucken soll. Durch die riesige Fensterfront der Flughafenhalle sieht er, wie in einiger Entfernung fast pausenlos Passagierflugzeuge starten und landen. Und gleich vorne an den Fluggastbrücken herrscht ein solches Durcheinander, dass einem fast schwindlig werden könnte. Alle paar Minuten treffen dort neue Flugzeuge ein oder rollen wieder zurück zur Startbahn, um in weit entfernte Länder und Kontinente zu fliegen. Und dazwischen flitzen auf dem großen Rollfeld zahllose kleine Fahrzeuge umher, die mit Koffern und Containern beladene Anhänger hinter sich herziehen.

Bastian ist vor ein paar Wochen mit seiner Schulklasse, der Igelklasse, schon einmal auf dem Flughafen gewesen. Damals hatten sie sich den Flughafen angeguckt und auch ein richtiges Passagierflugzeug von innen gesehen. Bei der Gelegenheit konnten sie für ihre Lehrerin Frau Huber auch wieder einen neuen Detektivfall lösen. »Warum fliegen Flugzeuge?« hieß der, und die Igeldetektive hatten dann einen Experten von einer Fluggesellschaft befragt. Der hatte ihnen alles ganz genau erklärt und jedem von ihnen ein tolles Buch mit Flugzeugfotos und Abbildungen geschenkt, worauf gut zu sehen ist, warum Flugzeuge nun eigentlich fliegen.

Und obwohl Mama beim Packen ganz schön geschimpft hat, wie viel überflüssige Sachen er mitnimmt, hat er das Buch natürlich trotzdem noch in seinen kleinen Rucksack gestopft. Schließlich fliegt er heute zum ersten Mal. Da kann man nicht wissen, was einen alles erwartet. Erst recht, wenn man wie er sogar ganz alleine fliegt. Jedenfalls fast, wenn man die nette Frau von der Fluggesellschaft, die ihn die ganze Zeit begleitet, nicht mitzählt. Auf jeden Fall verreist er ohne Mama und Papa. Die müssen in den Ferien nämlich arbeiten und können nicht mit zu Oma und Opa, die auf Mallorca leben.

»So, Bastian. Es geht los!« Erstaunt blickt Bastian auf. Vor ihm steht die Frau von der Fluggesellschaft. Lächelnd zeigt sie auf den Schalter vor dem Eingang zur Fluggastbrücke, wo zwei andere Frauen von der Fluggesellschaft sitzen und die Tickets der Fluggäste entgegennehmen. Er hat so gespannt aufs Rollfeld gestarrt, dass er gar nicht mitbekommen hat, dass die ersten Passagiere schon durch die Fluggastbrücke ins Flugzeug gehen. Schnell nimmt Bastian seinen kleinen Rucksack, der auf dem leeren Sitz neben ihm liegt, und folgt seiner Begleiterin zum Schalter. Dort gibt sie Bastians Flugticket ab. Als eine der Frauen dann mit einem breiten Lächeln Bastians Ticket in zwei Teile, ein kleines und

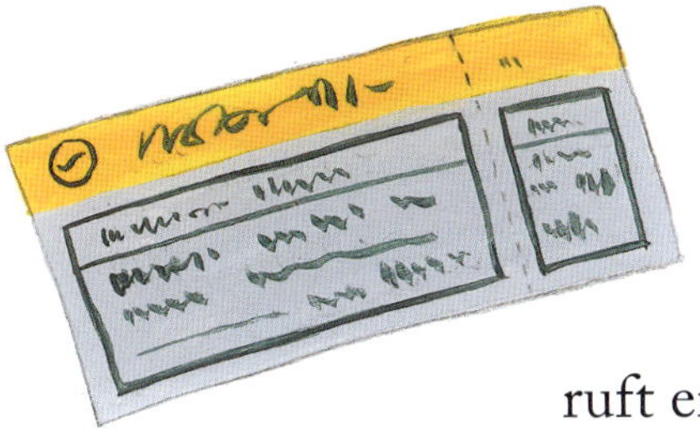

ein großes, zerreißt, bekommt er einen riesigen Schrecken.

»Mensch, die macht mein Ticket kaputt!«, ruft er fassungslos. »Kann ich jetzt nicht mitfliegen?«

»Keine Sorge, Bastian«, beruhigt ihn seine Begleiterin und gibt ihm den kleineren Abschnitt der zerrissenen Karte wieder. »Das wird immer so gemacht. Den großen Abschnitt müssen wir hierbehalten, und der kleine ist für dich. Es ist deine Bordkarte. Da steht deine Sitznummer im Flugzeug drauf. Am besten zeigst du die gleich einer Stewardess im Flugzeug. Die wird dich dann an deinen Platz bringen.«

Erleichtert verabschiedet sich Bastian von der netten Frau und betritt aufgeregt den engen Gang der Fluggastbrücke. Gleich wird er im Flugzeug sein!

Wenig später sitzt er auch schon auf seinem Platz. Zum Glück hat er einen Sitz am Fenster bekommen, von dem aus er prima hinaussehen kann. Neben ihm hat ein junger Mann Platz genommen, der ihm beim Anschnallen geholfen hat. Er heißt Peter, wie sich herausstellt, und fliegt genauso wie Bastian zum ersten Mal in seinem Leben.

»Was machst du denn auf Mallorca?«, fragt Bastian, als sie noch warten müssen, bis die Maschine endlich zur Startbahn rollen darf. »Urlaub?«

»Schön wär's«, antwortet Peter. »Ich arbeite in einer Ferienanlage. Dort kümmere ich mich um die Kinder der Gäste. Wir machen zusammen Spiele oder basteln was.«

»Wow!«, staunt Bastian. »Den ganzen Tag spielen. Was für eine tolle Arbeit!«

»Eigentlich schon«, antwortet Peter und wischt sich ein paar Schweißperlen von der Stirn, während er aus dem Fenster starrt. »Wenn nur der Flug nicht wäre!«

»Hast du Angst?«, fragt Bastian. Peter sieht tatsächlich ziemlich blass aus, und seine Hände halten die Armlehnen so fest umkrallt, dass die Knöchel weiß hervortreten.

»Ein bisschen.« Peter seufzt. »Ehrlich gesagt ein riesiges bisschen. Warum Flugzeuge fliegen, ist mir überhaupt ein Rätsel. So schwer und riesig, wie die sind!«

»Du musst keine Angst haben«, beruhigt ihn Bastian, obwohl er eigentlich selbst ziemlich aufgeregt ist. »Es kann gar nichts passieren. Ich zeig dir, warum Flugzeuge fliegen. Ich kenn mich da aus!«

»Na, da bin ich aber mal gespannt«, antwortet Peter mit gequältem Lächeln.

Bastian holt das Buch aus seinem Rucksack, den er vor sich zwischen den Beinen verstaut hat, und erzählt, woher er es hat.

»Dass Flugzeuge in der Luft fliegen und nicht runterfallen, hat erst mal damit was zu tun, dass sie sehr schnell sind«, beginnt er seine Erklärung. »Und dadurch …«

»Hm, aber ein Rennwagen ist auch schnell, ohne gleich abzuheben«, unterbricht ihn Peter skeptisch.

»Richtig. Aber der hat keine Flügel«, erwidert Bastian grinsend. »Und das ist das Entscheidende. Die Flügel tragen das Flugzeug in der Luft. Das heißt, eigentlich sorgt die besondere Flügelform dafür.«

»Die Flügelform?«, fragt Peter verblüfft.

»Ja, guck dir mal die Abbildung hier an«, fordert Bastian Peter auf und zeigt auf ein Bild in seinem Buch. »Die Flügel sind auf der Oberseite viel stärker gekrümmt als unten, und außerdem sind sie vorne dicker als hinten.«

»Und nur deswegen fliegt das Flugzeug?«, fragt Peter ungläubig.

»Mensch, doch nicht nur deswegen!« Bastian sieht Peter an. »Entscheidend ist, wie schon gesagt, dass es sich auch schnell vorwärtsbewegt. Dadurch entsteht eine Luftströmung, die oben und unten an den Flügeln vorbeiströmt. Durch die besondere gekrümmte Flügelform auf der Oberseite strömt dort die Luft aber schneller vorbei als unten. Und dadurch entsteht auf der Oberseite ein niedrigerer Druck als auf der …« Bastian unterbricht sich, als er Peters ratloses Gesicht sieht. »Du kapierst nix, oder?«

»Gut erkannt«, stöhnt Peter. »Was hat denn eine höhere Strömungsgeschwindigkeit mit einem niedrigeren Druck zu tun?«

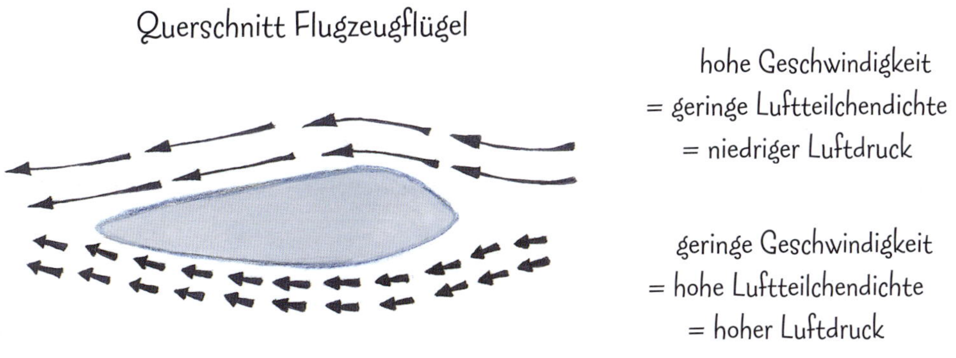

»Pass auf!«, erwidert Bastian. »Guck dir mal dieses Bild im Buch hier an. Da siehst du eine Autobahn. Auf dem rechten Streifen gibt es einen Stau. Die Autos fahren langsam und dicht hintereinander. Stell dir vor, die Autos wären Luftteilchen. Sie bewegen sich mit niedriger Geschwindigkeit vorwärts und sind dicht gedrängt. Das entspricht einer hohen Luftteilchendichte oder auch einem hohen Luftdruck. Wie zum Beispiel auf der Flügelunterseite. Auf dem linken Fahrstreifen haben die Autos freie Fahrt. Sie sind viel schneller und fahren längst nicht so dicht aufeinander. Stellt man sich die Autos wieder als Luftteilchen vor, spricht man von einer geringen Luftteilchendichte oder …«

»… von einem niedrigen Luftdruck«, vollendet Peter strahlend den Satz. »Kapiert! Und dann?«

»Das ist auch fast schon alles«, antwortet Bastian. »Der höhere Druck auf der Flügelunterseite drückt die Flügel einfach nach oben. Und weil der Flugzeugrumpf an den Flügeln befestigt ist, steigt das ganze Flugzeug.«

»Donnerwetter!« Peter ist begeistert. »Hätte nie gedacht, dass ich das verstehe.«

»Und Angst hast du anscheinend auch nicht mehr«, sagt Bastian und grinst.

In diesem Moment werden die Triebwerke lauter, und ein leichter Ruck geht durch das Flugzeug. Endlich sind sie auf dem Weg zur Startbahn.

»Na ja, sagen wir mal, längst nicht mehr so doll.« Peter lächelt. »Was für ein Glück, dass ich dich getroffen habe!«

Ja, und was für ein Glück, dass ich das Buch dabeihatte, denkt Bastian zufrieden und freut sich schon auf das Gesicht von Mama, wenn er ihr das erzählt.

Warum leuchten die Sterne?

Heute darf Max bei Opa schlafen. Darauf freut er sich sehr. Denn Opa ist Sternforscher. Genau wie Max.

»Jetzt aber los! Draußen wird es schon dunkel!«, sagt Max ungeduldig und rennt zum Auto.

Kurze Zeit später sind Mama und Max auch schon unterwegs. Max sitzt hinten und singt fröhlich: »Pi-pa-po, wo geht der Astronaut aufs Klo?«

Neben ihm steht ein kleiner Rucksack, in dem alles eingepackt ist, was ein Sternforscher für die Nacht so braucht. Aber das Wichtigste hält Max in der Hand. Die Sternbilder, die er für Opa gemalt hat. Richtig viel Mühe hat er sich mit dem Großen und dem Kleinen Bär gegeben. Auch wenn sie kein bisschen Ähnlichkeit mit Bären haben. Eher mit Einkaufswagen aus dem Supermarkt. Deshalb nennt man sie auch den Großen und den Kleinen Wagen. Doch Max findet die Bärennamen lustiger und bleibt dabei.

Natürlich gibt es noch viele andere Sternbilder. Denn alles, was am Himmel irgendwie aussieht wie eine Figur oder ein Tier, hat einen Namen.

Vorsichtig rollt Max die beiden Bilder zusammen. Wie durch ein Fernrohr sieht er nun mit seinen Bildern in den Himmel und ruft: »Super! Weit und breit kein Wölkchen in Sicht!«

»Ich bin schon gespannt, was ihr dieses Mal entdeckt!«, sagt Mama.

»Ob Opa auch Strudel gebacken hat?«, fragt Max.

»Bestimmt«, antwortet Mama. »Er freut sich doch immer so auf dich.«

Eigentlich wollte Opa Astronaut werden. Aber dann ist er doch Bäcker geworden. Und Weltmeister im Strudelbacken! Aber seitdem Opa nicht mehr arbeiten muss, ist er Sternforscher. Tja, Opa ist eben ein ganz besonderer Opa.

Und wie das bei Sternforschern so üblich ist, hat Opa ein großes Teleskop auf dem Dachboden stehen. Damit sieht man die Sterne viel, viel näher. So wie mit einem Fernrohr. Nur dass ein Teleskop alles noch viel größer macht. Das ist ganz schön spannend. Beim letzten Mal haben sie sogar die Milchstraße gesehen! Max kam aus dem Staunen nicht mehr heraus. Tausende Sterne, die in voller Pracht leuchten! So viele, dass es von der Erde aus aussieht wie ein strahlendes weißes Band. Oder eine Straße aus Milch. Und wenn so viele Sterne zusammenkommen wie in der Milchstraße, nennt man das »Galaxie«. Und davon gibt es noch jede Menge im Weltall.

Bei dem Gedanken daran kann Max es kaum noch erwarten, zu Opa zu kommen. Zum Glück ist der Weg nicht weit. Und ehe er sich's versieht, parkt Mama auch schon vor Opas Haus.

Max klingelt. Dreimal kurz und einmal lang. Das ist ein Geheimcode. Jetzt weiß Opa schon, wer vor der Tür steht. Aber warum dauert es heute so lange? Als Opa endlich öffnet, ist er ziemlich außer Puste.

»Hallo, Opa«, sagt Max und hält ihm seine beiden Bilder entgegen.

»Oh, wie schön!«, ruft Opa. »Du hast ja sogar an den Polarstern gedacht!«

»Ja, weil er doch der hellste Stern im Kleinen Bär ist. Deshalb habe ich ihn richtig dick gemalt!«, antwortet Max stolz.

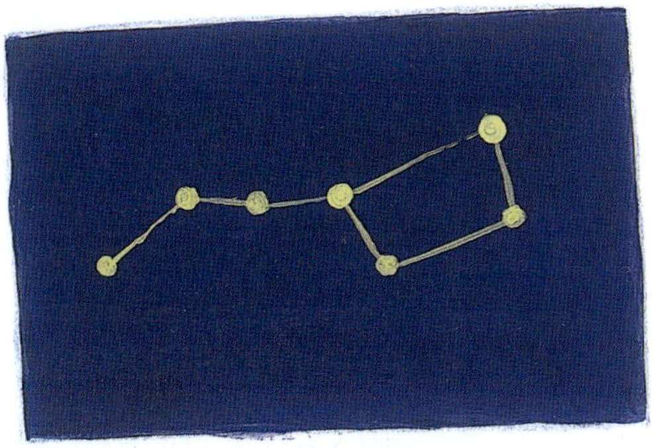

Großer Bär

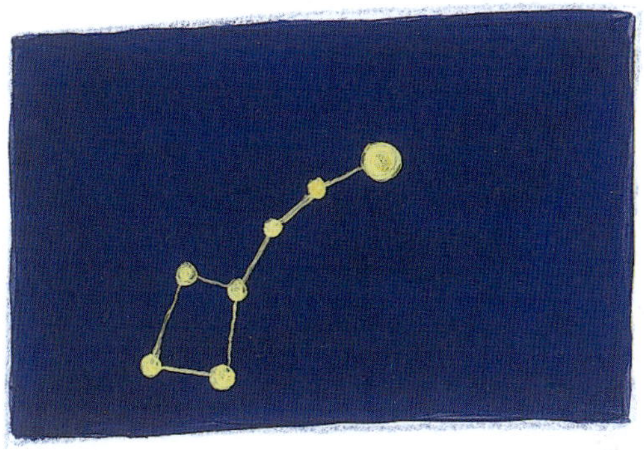

Kleiner Bär

»Das ist eine tolle Überraschung! Ich habe übrigens auch eine Überraschung für dich. Oben auf dem Dachboden«, sagt Opa und strahlt.

Max gibt seiner Mama einen Abschiedskuss, ruft »Tschüs!« und stürmt die Treppe hoch. Opa rennt gleich hinterher.

»Nicht so schnell! Ein alter Mann ist doch kein D-Zug!«, ruft er keuchend.

»Meine beiden Forscher!«, sagt Max' Mama kopfschüttelnd und stellt Max' Rucksack ab. Lächelnd geht sie zum Auto zurück.

Als Max oben ankommt, traut er seinen Augen nicht. Opa hat doch tatsächlich Mamas altes Bett, in dem Max jetzt schläft, auf den Dachboden geschleppt! Und er hat das Bett so hingestellt, dass es genau unter dem Dachfenster steht. Über dem Bett ist also nichts als Himmel. Und obwohl es noch keine sieben Uhr ist, sieht Max Tausende Sterne leuchten!

Unter dem zweiten Dachfenster steht das Teleskop in Richtung Himmel. Gleich daneben hat Opa ein Regal aufgebaut, voll mit Büchern über Sterne.

»Das ist toll!«, ruft Max. »Wie in einer echten Forscherstation! Jetzt können wir bis zum Umfallen in den Himmel gucken!«

»Genau«, sagt Opa. »Dann lass uns gleich mal sehen, was es zu entdecken gibt. Aber vorher habe ich noch eine kleine Stärkung für dich.«

Opa reicht Max einen Teller mit einem Stück Strudel.

»Hmh, lecker! Danke!«, ruft Max und beißt ein riesiges Stück ab.

Aber schon im nächsten Moment hat er sein Auge am Teleskop.

»Hast du schon etwas entdeckt?«, fragt Opa.

»Nein. Es sind einfach zu viele!«, antwortet Max, ohne das Auge vom Teleskop zu nehmen.

Opa hält es nicht länger aus. Er will auch etwas sehen. Er rückt seine Brille zurecht und sieht angestrengt ins Dunkle.

»Welch eine Nacht! Der Himmel ist sternenklar! Und das im Februar!«, ruft er begeistert. »Und da, da ist Merkur! Ich kann den Planeten mit bloßem Auge sehen!«, freut sich Opa.

»Wo?«, fragt Max. »Ich sehe nichts!«

Opa führt das Teleskop mit der Hand ein wenig nach rechts. Und schon erscheint Merkur im Bild.

»Ist der groß! Ich wusste ja gar nicht, dass es so riesige Sterne gibt!«, staunt Max.

»Das ist ja auch kein Stern. Merkur ist ein Planet«, erklärt Opa.

»Und was ist der Unterschied?«, fragt Max.

»Planeten sind viel näher als Sterne. Sie kreisen um die Sonne, genau wie die Erde. Und sie haben kein eigenes Licht. Planeten leuchten nur deshalb, weil sie von der Sonne angestrahlt werden.«

»Und die Sterne?«, fragt Max.

»Bei den Sternen ist das anders. Sie erzeugen eigenes Licht. Denk an die Milchstraße. Und wie viele Sterne in ihr leuchten! Aber die hellsten Sterne sind die Fixsterne.«

Max sieht Opa groß an: »Fixsterne? Was ist das denn?«

»Der Polarstern zum Beispiel ist ein solcher Fixstern. Sie sind die Straßenschilder des Himmels. Ohne sie müsstest du lange suchen, weil Sterne und Planeten nie an der gleichen Stelle stehen. Deshalb nennt man sie ›Wandelsterne‹. Im Universum ist nämlich alles in Bewegung. So kommt es, dass der Himmel immer anders aussieht. Nur die Fixsterne sind so weit von der Erde weg, dass man ihre Bewegung nicht sieht. Es dauert viele Jahrtausende, bis sie ihre Position merklich verändern. Also kannst du von den Fixsternen aus prima nach anderen Sternen suchen. Sirius ist auch ein solcher Stern.«

»Weil er am hellsten leuchtet?«, fragt Max.

»Kluges Kerlchen!«, sagt Opa und kramt in den Sternenbüchern. »Sirius ist der hellste Stern am Himmel!«

»Noch heller als der Polarstern?«, fragt Max und staunt.

»Noch viel heller!«, antwortet Opa und hat die richtige Sternenkarte gefunden. Dann macht er es sich samt Buch auf dem Bett gemütlich. Max setzt sich neben ihn.

»Also, am Winterhimmel steht Sirius tief im Südosten«, sagt Opa und zeigt auf die Stelle im Buch. Max sieht sich die Sternenkarte genau an. Dann fuchtelt Opa mit seinem Finger in der Luft herum.

»Da ist Südosten. Also müsste Sirius ungefähr da sein!«

Max versucht, Opas fuchtelndem Finger zu folgen. Er geht zum Teleskop und dreht es genau in die Richtung, in die Opa zeigt. Stück für Stück sucht er den Himmel ab. Denn ein Stern, der noch heller leuchtet als der Polarstern, den muss Max gesehen haben!

Nach einer Weile hört er Opa gähnend sagen: »Wenn du Sirius entdeckst, hast du automatisch den Großen Hund gefunden. Sirius liegt nämlich mittendrin.«

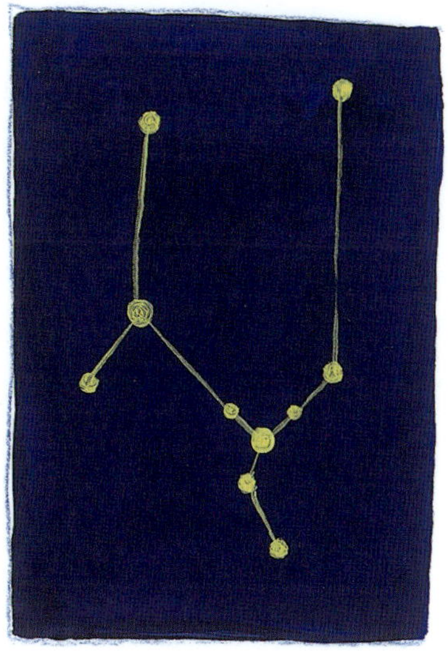

Großer Hund

Ach so. Wie der Polarstern beim Kleinen Bär, denkt Max. Aber so lange er auch sucht, Sirius bleibt verschwunden.

»Wenn der Himmel nur nicht so groß wäre!«, stöhnt Max und findet das Forschersein auf einmal sehr anstrengend. Und gerade als er aufgeben will, entdeckt er einen Stern, der so hell leuchtet wie kein anderer. Das muss Sirius sein! Opa hatte recht! Und Max ruft stolz: »Ich hab ihn!«

Mit leuchtenden Augen sieht er hinüber zu Opa. Aber der ist mittlerweile auf dem Forscherbett eingeschlafen.

Manno! Muss Opa gerade jetzt einschlafen?, denkt Max enttäuscht.

Er geht hinüber zum Bett, nimmt Opa das Buch aus dem Arm und die verrutschte Brille von der Nase. Dann legt Max sich neben ihn. Bevor er die Augen schließt, sieht er Hunderte Sterne über sich. Und er fragt sich, warum Sterne überhaupt leuchten. Und warum manche heller leuchten als andere. Mit diesen Fragen schläft er ein.

Am nächsten Morgen wird Max schon früh von Opas Schnarchen geweckt. Sofort fällt ihm Sirius wieder ein. Vielleicht ist er ja noch da! Dann könnte er Opa seinen tollen Fund zeigen! Leise krabbelt er aus dem Bett.

Max wirft einen Blick durch das Teleskop. Aber am Himmel ist kein Stern mehr zu sehen.

»Ist schon zu hell«, sagt Opa verschlafen.

Erstaunt dreht Max sich um.

Opa streckt sich. Dann setzt er seine Brille auf. »Was nicht heißen soll, dass Sirius nicht noch da ist!«

Max freut sich. Opa glaubt ihm also, dass er Sirius gefunden hat!

»Und warum kann ich ihn dann nicht sehen?«, fragt Max.

Opa knipst die Nachttischlampe an. »Deshalb«, sagt er und grinst.

Max versteht das nicht. »Wieso machst du die Lampe an? Das Licht sieht man doch am Tag gar nicht!«

»Eben. Genauso ist es mit den Sternen«, erklärt Opa. »Die Sterne sind auch tagsüber da. Aber sehen kann man sie nur im Dunkeln.«

Opa knipst die Nachttischlampe wieder aus und sagt: »Und jetzt mache ich uns ein ordentliches FEK!«

Max hat keine Ahnung, was das sein soll. Aber ein bisschen Hunger hat er schon.

»Kann man das essen?«, fragt er deshalb.

»Und wie!«, sagt Opa und lacht. »Ein FEK ist ein Forscherfrühstück erster Klasse!«

Damit ist Max mehr als einverstanden. Sofort rennt er in die Küche, um zu helfen.

Wenig später haben es sich die beiden vor dem Ofen gemütlich gemacht. Während Opa und Max in die Flammen sehen und dabei ihr Forscherfrühstück erster Klasse genießen, fällt Max seine Frage wieder ein: »Und warum leuchten die Sterne, Opa?«

»Weil sie heiß sind«, antwortet Opa mit halb vollem Mund.

»So heiß wie das Feuer im Ofen?«, fragt Max.

»Viel, viel heißer!«, sagt Opa. »Denn in ihnen brennt kein Holz, sondern Gas. Sterne sind nämlich nichts anderes als riesige Feuerbälle. So wie unsere Sonne auch. Je heißer sie sind, desto heller strahlen sie. Und auch die Entfernung zur Erde spielt eine Rolle. Sirius ist ein sehr heißer Stern, und er befindet sich in einem unserer nächsten Nachbarsysteme. Er ist nur 8,6 Lichtjahre von der Erde entfernt.«

Jetzt weiß Max, warum die Sterne leuchten. Und er weiß, warum manche heller leuchten als andere. Und mit Opas Hilfe hat er den allerhellsten Stern des Himmels gefunden: Sirius! Opa ist einfach der Beste!

Warum haben Menschen unterschiedliche Hautfarben?

Simon und Armin sind beste Freunde. Sie sehen zwar unterschiedlich aus, haben aber viele Gemeinsamkeiten. Beide essen gern Pommes, beide haben Unsinn im Kopf, und beide waschen sich nur, wenn es unbedingt sein muss.
Außerdem sind Simon und Armin am selben Tag im selben Krankenhaus geboren! Wie Zwillinge. Und das ist jetzt genau fünf Jahre, drei Monate und siebzehn Tage her. Aber Freunde sind sie erst einen Tag später geworden. Und das kam so: Simon und Armin hatten die ganze Nacht fürchterlich geschrien. Egal, was ihre Mamas auch anstellten, Simon und Armin waren durch nichts zu beruhigen. Und als die beiden Mamas, die im selben Zimmer lagen, sich absolut keinen Rat mehr wussten, haben sie ihre Babys zusammen in ein Bettchen gelegt. Und da passierte es. Kaum lagen die beiden Schreihälse

nebeneinander, waren sie sofort still und sahen sich mit großen Augen an. Von diesem Moment an waren die beiden Freunde. Und daran hat sich bis heute nichts geändert.

Gerade sind Simon und Armin auf dem Weg ins Zeltlager. Natürlich nicht allein, dafür sind sie noch zu klein. Simons Mama Claudia fährt mit. Als Betreuerin. Für Simons Mama ist das nichts Besonderes, sie betreut oft Kinderfreizeiten. Aber für Simon und Armin ist es das allererste Mal, und sie sind ganz schön aufgeregt. Sie haben noch nie gezeltet! Als der Bus mitten im Wald anhält, haben Simon und Armin vor lauter Aufregung schon beinahe ihren ganzen Proviant aufgegessen.

Kaum hat der Bus seine Türen geöffnet, stürzen alle auf den Zeltplatz. Das ist ja toll! Die Zelte sind schon fix und fertig aufgebaut. Simon und Armin bleiben gleich beim ersten Zelt stehen.

»Hier schlafen wir!«, rufen sie im Chor und werfen ihre Rucksäcke ins Zelt.

»Das trifft sich gut!«, sagt Simons Mama. »Ich schlafe gleich daneben, im Betreuerzelt.«

Die beiden legen ihre Schlafsäcke nebeneinander und machen es sich gemütlich. Da streckt Simons Mama den Kopf ins Zelt und sagt: »Los geht's!«

»Wie, los?«, fragt Simon seine Mutter.

»Wir gehen in den Wald. Wir haben uns tolle Spiele ausgedacht!«

Sofort kommen die beiden aus dem Zelt gekrabbelt. Simons Mama hat eine Tube Sonnencreme in der Hand und sagt: »Aber vorher cremen wir uns ein!«

Simon verdreht die Augen. »Muss das sein?«

»Natürlich. Oder möchtest du einen Sonnenbrand bekommen?«, antwortet Simons Mama und legt los.

»Ich bekomme nie Sonnenbrand!«, ruft Armin.

»Genau! Armin hat nie Sonnenbrand! Auch ohne Sonnencreme!«, beschwert sich Simon.

»Armin hat ja auch dunkle Haut. Das ist der beste Sonnenschutz überhaupt«, antwortet Simons Mama. »Aber ich creme ihn auch ein.«

»Wieso?«, fragt Armin erstaunt. «Ich hatte doch noch nie einen Sonnenbrand!«

»Das mag sein. Andererseits ist deine Haut nicht an die Sonne gewöhnt. Und da wir den ganzen Tag draußen sein werden, wäre es schon besser, deine Haut auch zu schützen. Denn manchmal kann auch dunkle Haut einen Sonnenbrand bekommen.«

»Früher waren alle Menschen schwarz. Hat meine Mama gesagt!«, meint Armin, während er sich eincremen lässt.

Das kann Simon kaum glauben. »Echt?«, fragt er.

Simons Mama nickt. »Die ersten Menschen haben in Afrika gelebt. Und als Schutz vor der Sonne hatten die Menschen schwarze Haut.

Obwohl, ganz schwarz ist die Haut selten. So wie unsere Haut ja auch nicht ganz weiß ist. Sie ist eher hell oder dunkel. Besonders dunkel ist die Haut der Menschen, die rund um den Äquator leben. Weil dort die Sonneneinstrahlung am stärksten ist. Irgendwann begannen die Menschen in Richtung Norden zu wandern. Und je weiter sie in den Norden kamen, desto weniger intensiv war die Sonneneinstrahlung. Die Haut wurde immer heller. Das musste auch so sein.«

»Und warum?«, fragt Simon.

»Dunkle Haut schützt zwar prima vor Sonne, hat aber einen Nachteil: Im lichtärmeren Norden kann sie nicht genug Vitamin D bilden. Vitamin D ist aber sehr wichtig, sonst wachsen die Knochen nicht richtig und verformen sich.«

Simon betrachtet Armin von Kopf bis Fuß.

»Was guckst du denn so?«, fragt Armin. »Ich habe keine schiefen Knochen! Weil ich ganz viel Milch trinke und oft Fisch esse!«

»Genau«, sagt Simons Mama. »Mit der richtigen Nahrung ist das heutzutage kein Problem mehr. Denn in Milch und Fisch ist sehr viel Vitamin D. So kann Armin die fehlende Sonneneinstrahlung gut ausgleichen.«

»Und warum hat Armin keine helle Haut bekommen? Er lebt doch gar nicht mehr in Afrika«, fragt Simon.

»Die habe ich von meinen Eltern geerbt!«, sagt Armin stolz.

»Richtig«, antwortet Simons Mama. »Eltern mit dunkler Haut vererben an ihre Kinder die Fähigkeit, viel Melanin in der Haut zu bilden. Egal, wo sie leben.«

»Was ist denn Meladingsbums?«, fragt Simon.

»Das ist ein Farbstoff, der in den Hautzellen gebildet wird«, erklärt Simons Mama.

»Genau!«, ruft Armin. »Das hat meine Mama auch gesagt!«

»Und deshalb verändert sich die Hautfarbe nicht so schnell, auch wenn die Umgebung sich geändert hat. Solche Veränderungen dauern sehr, sehr lange.«

»Da bin ich aber froh! Ich finde meine Haut nämlich schön, wie sie ist!«, ruft Armin und nimmt Simon bei der Hand. Ausgelassen rennen die beiden in den Wald.

Als Simon und Armin am Abend in ihr Zelt zurückkommen, sind sie vollkommen erschöpft. Todmüde kuscheln sie sich in ihre Schlafsäcke. Und es dauert nicht lange, da sind die beiden auch schon eingeschlafen.

In der Nacht wird Armin von Geräuschen geweckt. Das ist unheimlich. Vorsichtig rüttelt er Simon wach.

»Da draußen ist etwas!«, flüstert Armin.

Sofort ist Simon hellwach und lauscht in die Nacht.

»Was kann das sein?«, flüstert er zurück.

»Keine Ahnung. Vielleicht ein Tier«, vermutet Armin.

»Und wenn es ein Wildschwein ist?«, fragt Simon leise.

»Oder ein Monster?«, flüstert Armin. Den beiden wird angst und bange.

»Sollen wir ganz schnell zum Betreuerzelt laufen?«, fragt Armin leise.

»Kommt nicht infrage! Sonst denken alle, wir wären Angsthasen!«, wispert Simon.

Da kuscheln sich Simon und Armin ganz fest an-

einander. Zum Glück sieht das ja keiner! Und plötzlich fühlen sich die beiden wieder wie im Babybettchen auf der Neugeborenenstation. Sicher und geborgen.

Und genau so liegen die beiden immer noch da, als Simons Mama am Morgen ihren Kopf ins Zelt streckt.

»Aufstehen, ihr Murmeltiere!«, sagt sie und lächelt. »Der Bus wartet schon.«

Verschlafen reiben Simon und Armin sich die Augen. Draußen scheint die Sonne, und die Vögel zwitschern. Von Wildschweinen und Monstern keine Spur!

Wenig später sitzen die beiden wieder im Bus. Das war ein tolles Wochenende! Spiele, Spaß, Abenteuer und kein einziges Mal waschen!

Da fällt Armin ein zerknittertes Foto aus der Tasche. Darauf sind zwei Babys zu sehen. Simon hebt es auf und ruft: »Das sind ja wir!«

»Pst!«, macht Armin. »Das war doch nur für den Notfall. Falls wir nicht in ein Zelt gekommen wären.«

Simon holt aus seinem Rucksack genau dasselbe Foto heraus. »Genau, für den Notfall«, sagt Simon und grinst.

Simon sieht sich das Foto genauer an und fragt: »Wieso bist du auf dem Foto eigentlich so hell? Wir könnten ja Zwillinge sein!«

Jetzt grinst Armin und sagt: »Alle Babys kommen hell auf die Welt. Weil im Bauch doch keine Sonne scheint! Außerdem sind wir Freunde. Und das ist tausendmal besser als Zwillinge!«

Warum bekommt der Specht beim Klopfen keine Kopfschmerzen?

»Pass auf, Nele! Nicht so schnell!«, ruft Neles Papa. Aber Nele kann es gar nicht abwarten, endlich zum Badesee zu kommen. Und außerdem macht es einfach zu viel Spaß, mit dem Fahrrad so den Waldweg hinunterzubrausen.

Ich bin doch kein Baby mehr, denkt Nele.

Doch dann wundert sie sich plötzlich, wie schnell die Weggabelung auf sie zurast. Viel schneller, als sie gedacht hätte. Nele bremst. Aber trotzdem ist sie viel zu schnell. Sie saust schräg in den Wald hinein und prallt mit dem Vorderrad gegen einen Baum. Ehe Nele begreift, was los ist, ist sie nach vorne über den Lenker gestürzt und dabei mit dem Helm gegen den Stamm gestoßen. Dann liegt sie auch schon mit dem Rücken auf dem Waldboden und guckt erschrocken hoch ins Blätterdach. Sie setzt sich auf und sieht sich um. Eigentlich will sie nicht weinen, weil sie

ja schon groß ist. Aber sie hat einen riesigen Schreck bekommen, und ihr neues Fahrrad sieht ganz schön kaputt aus. Die Lampe ist abgebrochen und der Lenker zur Seite gebogen. Und deshalb weint sie dann am Ende doch.

Aber in diesem Moment sind Mama und Papa auch schon da. Rasch springen sie vom Rad und laufen auf Nele zu.

»Nele!«, ruft Mama aufgeregt und kniet sich hin, um Nele in den Arm zu nehmen. »Tut dir was weh, Liebes?«

»D…der … K…kopf«, schluchzt Nele. »A…aber nur ein b…bisschen«, fügt sie tapfer hinzu.

»Ist dir schlecht? Oder schwindlig?«, fragt Papa besorgt, der nun auch neben Nele kniet.

»N…n…nein«, schluchzt Nele wieder.

Vorsichtig nimmt Papa Neles Helm ab und untersucht ihn genau. Aber bis auf eine winzige Schramme ist nichts zu sehen. »Na, da haben wir anscheinend noch mal Glück gehabt«, sagt Papa schließlich erleichtert.

»G…g…gar kein Glück«, schluchzt Nele empört und zeigt auf ihr kaputtes Fahrrad.

»Ach, nicht so schlimm«, antwortet Papa. »Ich besorg dir eine neue Lampe, und den Lenker bieg ich gleich hier wieder gerade. Aber wie wär's mit einer kleinen Picknickpause, um uns von dem Schreck zu erholen?«

Wenig später sitzen Nele, Mama und Papa auf der Picknickdecke und lassen sich Mamas tolle Spezialsandwiches schmecken. Nele will gerade den letzten Bissen mit einem großen Schluck Apfelsaftschorle aus ihrer Trinkflasche runterspülen, als plötzlich irgendwo über ihnen in den Bäumen ein merkwürdiges Geräusch ertönt. Tok-tok-tok-tok-tok! Tok-tok-tok-tok-tok! Tok-tok-tok-tok-tok!

»Was ist das?«, fragt Nele und blickt erschrocken nach oben.

»Keine Bange«, beruhigt Papa Nele. »Das ist nur ein Vogel. Ein Specht. Der hämmert mit seinem Schnabel gegen einen Baumstamm.«

»Warum macht er denn so was freiwillig? Der kriegt doch Kopfweh«, wundert sich Nele, deren Kopf immer noch ein wenig brummt, wenn sie daran denkt, wie sie eben gegen den Baum gestoßen ist.

»Spechte hämmern mit dem Schnabel gegen Baumstämme, um Nisthöhlen zu bauen oder um unter der Baumrinde nach Nahrung zu suchen. Dort im Holz leben nämlich Insekten, Ameisen und Spinnen. Die fressen Spechte für ihr Leben gern. Und Kopfschmerzen bekommen sie dabei auch nicht. Dafür sorgen ein paar Tricks.«

»Tricks? Was denn für Tricks?«, fragt Nele neugierig. »Der hat doch bestimmt keinen Helm oder so was Ähnliches?«

»Nein, keinen Helm.« Papa lächelt. »Aber … warte mal. Ich hab doch mein kleines Fernglas und das Vogelbuch eingesteckt«, sagt er und holt beides aus seinem Rucksack, der auf der Decke liegt. »Vielleicht können wir den Specht von hier aus schon sehen.«

Einen Moment lang, der Nele wie eine Ewigkeit vorkommt, schaut Papa mit dem Fernglas in die Richtung, aus der immer noch das Klopfen zu hören ist. »Da ist er«, flüstert Papa endlich und zeigt schräg nach oben auf einen alten, schon abgestorbenen Baum. Er gibt Nele das Fernglas und erklärt ihr, wie sich

das Bild scharf stellen lässt. Erst muss Nele noch ein wenig suchen, aber dann kann sie den Specht deutlich sehen.

»Sieht der toll aus!«, staunt sie. »Aber er hat ja doch einen Helm. Einen roten. Und wie schnell er mit dem Schnabel hämmert! Hier, Mama, guck mal.«

»Das ist ein Buntspecht. Und das, was wie ein Helm aussieht, sind seine roten Kopffedern«, erklärt Papa, während nun Mama durchs Fernglas schaut. »Aber das mit dem Hämmern ist noch gar nichts. Wenn er im Frühjahr auf Partnersuche ist, hämmert er noch viel, viel schneller mit dem Schnabel. Und zwar hundert Mal in der Minute!«

»Hundert Mal in der Minute!«, wundert sich Nele. »Und er bekommt keine Kopfschmerzen? Das müssen ja tolle Tricks sein.«

Papa lacht. »Kann man wohl sagen. Trick Nummer eins ist der besonders dicke Schädelknochen. Der ist doppelt so dick wie bei anderen Vögeln. Der untere Schnabel ist außerdem auf beiden Seiten mit einem beweglichen, nachgebenden Knochen verbunden. Der gibt den Stoß direkt an die starken Halsmuskeln weiter. Zusammen wirkt das wie ein Stoßdämpfer. Das ist Trick Nummer zwei. Und für Trick Nummer drei zeige ich dir am besten eine Abbildung aus meinem Vogelbuch«, sagt Papa.

Die Abbildung will Mama sich nun auch ansehen, und so warten beide gespannt, bis Papa die richtige Seite gefunden hat.

»Aha. Hier ist sie.« Papa zeigt auf das Bild. »Hier seht ihr, dass das Gehirn eines Spechts über dem Schnabel liegt. Und das ist wichtig. Denn so geht die Stoßwelle, die vom Schnabel kommt, unter dem empfindlichen Gehirn vorbei und wird dann von den starken Halsmuskeln abgefangen. Außerdem liegt das Gehirn, wie man sieht, auf einem Wasserkissen, das die Stöße noch mal zusätzlich abpuffert.«

»Donnerwetter, ganz schön raffiniert«, staunt Mama.

»Und ganz schön praktisch«, meint Nele. »Aber trotzdem, tauschen möchte ich nicht mit einem Specht!«

»Und warum nicht?«, fragt Papa.

»Na, ist doch klar. Weil ich sonst Spinnen und Ameisen essen müsste«, erklärt Nele und verzieht bei dem Gedanken das Gesicht.

»Genau!« Mama greift hinter sich. »Dann doch lieber noch ein paar Schokokekse zum Nachtisch. Was meint ihr?«

Papa und Nele stimmen sofort zu. Und frisch gestärkt mit Spezialsandwiches und Schokokeksen fahren die drei schließlich weiter zum Badesee.

Wie kommt das Salz ins Meer?

Familie Fröhlich ist unterwegs in die Bretagne. Das Auto ist pickepackevoll mit Koffern, Kühltaschen, Luftmatratzen und was man sonst noch so für einen Sommerurlaub am Meer braucht. Und selbst wenn es ein bisschen eng im Auto ist, sind Mama, Papa und Florian sehr vergnügt und singen ein Lied nach dem anderen.

Und noch jemand ist mit von der Partie: Ben. Ben ist Florians Labrador und ganz verrückt nach Wasser. Gibt es irgendwo einen Tümpel, springt Ben hinein. Passend zum Badeurlaub hat Florian ihm ein blauweißes Halstuch mit Ankern umgebunden. Aber auch Florian sieht aus, als ob er jede Sekunde ins Wasser springen wollte. Um seinen Hals baumelt eine nigelnagelneue Taucherbrille.

»Wow!«, ruft Florian und drückt staunend seine Nase gegen die Fensterscheibe, als er zum ersten Mal den Atlantik erblickt. »Ist der groß! Und die vielen Wellen! Am liebsten würde ich gleich hineinspringen!«

Aber Mama sagt: »Wir sind doch noch gar nicht da! Bis zu unserem Ferienhaus dauert es noch ein bisschen.«

»Bitte …«, bettelt Florian. »Ich habe auch schon meine Badehose an.«

Mama schüttelt lachend den Kopf und sagt: »Typisch Flo!«

»Dann muss ich ja wohl sofort anhalten.« Papa schmunzelt und fährt rechts ran.

Kaum kommt das Auto zum Stehen, springt Florian hinaus, und Ben rennt gleich hinterher.

»Das Meer ist ja soooo schööön!«, ruft Florian und läuft mit Ben hinein.

Und schon ist eine Welle im Anmarsch. »Pass auf, Flo!«, ruft Mama noch. Doch da ist es bereits zu spät. Die Welle reißt Florian um. Erschrocken landet er auf dem Po und schnappt nach Luft. Dann bekommt er auch noch eine volle Ladung Meerwasser in den Mund.

»Ihhhhhh! Ist das salzig!«, ruft Florian und verzieht das Gesicht. Schnell läuft er an den Strand, dicht gefolgt von Ben.

Wenig später sitzen die beiden nass und zitternd auf der Rückbank. Mama reibt Florian mit einem Handtuch trocken. Danach ist Ben an der Reihe. Als sie halbwegs trocken sind, nimmt Florian seinen Hund tröstend in den Arm und sagt: »Morgen versuchen wir es noch einmal. Vielleicht schmeckt das Meer dann besser! Es kann ja nicht jeden Tag so versalzen sein!«

Mama und Papa prusten vor Lachen.

»Mach dir da mal keine allzu großen Hoffnungen!«, sagt Papa mit hochrotem Kopf. »Das Meer ist immer salzig!«

»Und wieso?«, fragt Florian. »Wie kommt denn das Salz ins Meer?«

Mama und Papa sehen sich verdutzt an.

»Darüber habe ich mir noch nie Gedanken gemacht«, antwortet Papa. »Aber ich weiß, wie wir es herausbekommen können. Hier gibt es nämlich jede Menge Salzfelder. Und die Salzbauern müssten doch eigentlich wissen, wie das Salz ins Meer kommt. Schließlich ernten sie es ja auch!«

»Salzfelder? Salzbauern? Ernten?«, fragt Florian überrascht.

»Das würde mich auch interessieren«, sagt Mama. »Darüber habe ich schon mal etwas gelesen!«

Und so ist der Abstecher auch schon beschlossene Sache.

»Da! Da ist wieder eins!«, ruft Florian und tippt aufgeregt mit dem Finger gegen die Fensterscheibe. Papa hält an, und Florian stellt erstaunt fest: »Die sehen ja wirklich wie Felder aus!«

»Ja«, sagt Mama. »Der einzige Unterschied zu normalen Feldern ist, dass die Becken oder Salinen, wie sie eigentlich heißen, kleine Mauern aus Lehm und Ton haben. Dort lässt man das Meerwasser hineinfließen. Mit der Zeit verdunstet das Wasser, und zurück bleibt Salz.«

»Das will ich sehen!«, ruft Florian, öffnet die Autotür und ist schon unterwegs zu den Salinen. Mama und Papa folgen ihm. Ben ist der Schnellste und rennt mit wedelndem Schwanz auf einen braun gebrannten Mann mit hochgekrempelter Hose zu. Papa ruft dem Mann etwas in einer fremden Sprache entgegen. Florian versteht kein Wort und fragt neugierig: »Ist das Französisch?«

Papa nickt stolz. Und wenig später erfährt Florian von Papa, dass dieser Mann ein echter Salzbauer ist und Luc heißt! Florian staunt. So einen Bauern hat er noch nie gesehen! Die Bauern, die er kennt, tragen karierte Hemden, braune Cordhosen und Gummistiefel.

Luc legt seine braun gebrannte Hand auf Florians Schulter und lächelt. »Na, und was möchtest du wissen?«

Florian sieht erstaunt zu Papa. Doch Papa zuckt nur mit den Schultern und ist offensichtlich enttäuscht, dass sein Französisch nicht länger gebraucht wird. Und als ob Luc Gedanken lesen könnte, sagt er: »Hier kommen viele Touristen her. So habe ich im Lauf der Jahre viele Sprachen gelernt. Denn immer wollen sie irgendetwas wissen. Vor allen Dingen kleine, neugierige Jungs mit Taucherbrillen um den Hals!«

Florian nickt aufgeregt und fragt wie aus der Pistole geschossen: »Wie kommt das Salz ins Meer?«

»Das ist eine gute Frage!«, antwortet Luc. »Wie du bestimmt weißt, fließen alle Flüsse ins Meer. Manchmal ist es von der Quelle bis zur Mündung eine sehr lange Reise. Auf dieser langen Reise nehmen die Flüsse jede Menge Salz auf.«

»Und wie?«, fragt Florian.

»Das Wasser spült aus den vielen Steinen, an denen es vorbeifließt, viele Mineralien heraus«, antwortet Luc.

»Müssten dann nicht auch unsere Flüsse salzig sein?«, fragt Mama und sieht Luc gespannt an.

»Gut aufgepasst!«, antwortet Luc. »In einem Liter Meerwasser sind ungefähr 33,3 Gramm Salz enthalten, in einem Liter Flusswasser aber nur 1,3 Gramm. Die Flüsse fließen ins Meer. Wenn die Sonne scheint, verdunstet ein Teil des Meerwassers, aber die Salze bleiben dabei im Meer. Deswegen ist das Meer salziger als ein Fluss.«

Luc bückt sich und nimmt eine Handvoll Salz aus einem der Salzfelder. Daraus formt er zwei Häufchen. Doch ein Häufchen ist wesentlich größer als das andere. »So viel Salz ist ungefähr in einem Liter Meerwasser!«, sagt Luc und zeigt mit dem Finger auf das größere Häufchen. »Etwa 25-mal so viel wie im Flusswasser.«

»So viel?«, ruft Florian erstaunt. »Kein Wunder, dass Meerwasser versalzen schmeckt!«

»Und Flusswasser süß«, ergänzt Mama.

Luc beugt sich hinunter zu Florian und sagt: »Und damit du das Meer nicht in ganz schlechter Erinnerung behältst, schenke ich dir ein kleines Säckchen echtes Meersalz! Damit kann man herrlich kochen.«

»Danke!«, sagt Florian und strahlt. »Ich habe schon einen Bärenhunger!«

»Und wenn es aufgebraucht ist, machst du einfach neues Salz«, fügt Luc hinzu.

Florian macht große Augen. »Und wie?«

»Das ist ganz einfach. Du schüttest ein bisschen Meerwasser in eine flache Schale und stellst es in die Sonne. Das Wasser verdunstet, und übrig bleibt …«

»Salz!«, ruft Florian und kann es kaum noch erwarten, ins Ferienhaus zu kommen. Doch plötzlich macht er ein nachdenkliches Gesicht und sagt: »Da müssen wir aber viele Flaschen Meerwasser mit nach Hause nehmen!«

»Wieso?«, fragt Mama erstaunt.

»Weil ich doch meinen Freunden zeigen will, wie man Salz gewinnt!«

»Nein, nein, unser Auto ist voll genug!«, sagt Papa lachend. »Es reicht, wenn du in ganz normales Leitungswasser etwas Salz schüttest, umrührst und das Ganze in einer Schale auf die Heizung stellst.«

»Das ist ja prima!«, ruft Florian erleichtert. »Aber jetzt habe ich erst mal riesigen Hunger!«

Wie fühlt es sich an, alt zu sein?

Leon sitzt am Frühstückstisch und stochert in seinem Müsli herum. Seine Mama ist gerade joggen, und Leon langweilt sich. Endlich hört er Schritte im Treppenhaus.

»Du bist ja immer noch nicht fertig!«, keucht Mama. Schnaufend lässt sie sich auf einen Küchenstuhl fallen und nimmt die Arm- und Fußhanteln ab. »Wir wollen doch zum Samstagsmarkt gehen, frisches Obst und Gemüse kaufen.«

Leon verdreht die Augen und stöhnt: »Immer nur Obst und Gemüse!«

Da fällt ihm ein, dass Opa Steffens morgens knackfrische Brötchen vom Bäcker bekommt. Und die mag Leon tausendmal lieber als Müsli!

»Ich gehe solange zu Opa Steffens!«, sagt Leon und springt auf. Plötzlich hat er es sehr eilig.

»Aber du bist doch noch im Schlafanzug!«, protestiert Mama.

Doch da ist Leon schon im Treppenhaus und läuft hinunter ins Erdgeschoss. Dabei ruft er: »Opa Steffens bestimmt auch!«

Opa Steffens ist eigentlich gar nicht Leons Opa. Leons wirklicher Opa wohnt weit weg. Und da Leon ihn nur selten sieht, ist er auf die

Idee gekommen, sich noch einen Opa anzuschaffen! Seitdem hat Leon einen Jeden-Tag-Opa und einen Ab-und-zu-Opa.

Leon hält den Klingelknopf eine ganze Weile gedrückt, damit Opa Steffens ihn auch ganz sicher hört. Ungeduldig tritt er von einem Bein auf das andere. Als endlich die Tür aufgeht, schiebt Leon sich flink an Opa Steffens' dickem Bauch vorbei in die Wohnung.

»Guten Morgen, Jungchen!«, sagt Opa Steffens. »Wer ist denn hinter dir her?«

Leon rennt schnurstracks in die Küche. Und da liegen sie, die knackfrischen Brötchen! Eier hat Opa Steffens auch gekocht. Zwei Stück. Leon setzt sich auf seinen Lieblingsplatz.

»Na, so was!«, sagt Opa Steffens, als er in die Küche kommt. »Da scheint aber jemand Hunger zu haben.«

»Ist das Ei für mich?«, fragt Leon und zeigt mit dem Finger auf das zweite Ei.

»Wenn du möchtest …«, antwortet Opa Steffens. »Du kannst aber auch …«, Opa Steffens öffnet den Küchenschrank und holt ein Glas heraus, »… das hier haben.«

Leon springt vor Freude vom Stuhl: »Nutella!«, ruft er und nimmt Opa Steffens das Glas aus der Hand. »Wo hast du die denn her?«

»Ach, weißt du, ich war ja auch mal ein kleiner Junge. Und Schokolade habe ich für mein Leben gern gegessen.«

Mit Heißhunger beißt Leon in sein Nutellabrötchen.

Genau in diesem Moment klingelt es.

»Das ist bestimmt Mama!«, ruft Leon, und die Krümel fliegen wild aus seinem Mund.

»Wo ist Mama?«, fragt Opa Steffens, der die Klingel nicht gehört hat.

Leon zeigt mit dem Kopf in Richtung Tür.

»Bleib sitzen«, sagt Opa Steffens. »Ich mache auf. Deine Mutter muss ja nicht gerade deinen Schokoladenmund sehen! Wir Männer müssen doch zusammenhalten!«

Wenig später hört Leon Mamas Stimme. Nachdem er sein Nutellabrötchen bis auf den letzten Krümel aufgegessen hat, versucht er, sich Opa Steffens als kleinen Jungen vorzustellen.

Mit der Tageszeitung in der Hand kommt Opa Steffens zurück.

»Jetzt sag schon!«, ruft Leon ungeduldig.

»Was?«, fragt Opa Steffens überrascht.

»Wie du als Kind ausgesehen hast!«

»Ach so! Na ja, ungefähr so wie du.«

Das kann Leon kaum glauben. Opa Steffens lächelt und sagt: »Wirst

schon sehen!« Kurzerhand kramt er ein paar alte Fotos aus dem Wohnzimmerschrank. Darauf ist ein kleiner blonder Junge in kurzen Lederhosen zu sehen. Auf den ersten Blick könnte das tatsächlich Leon sein.

»Aber da bist du ja ganz dünn!«, ruft Leon.

Opa Steffens lacht. »Ja, da staunst du, was? Ich war auch mal ein dünner Hering! Den Bauch habe ich erst später bekommen.«

»Konntest du denn auch schnell rennen?«

»Und wie! Mindestens genauso schnell wie du. Aber das ist lange her. Jetzt sitze ich am liebsten in meinem bequemen Sessel und lese Zeitung.«

Leon denkt nach. Irgendwann wird auch er alt sein. Ob er dann auch so dick und so lahm ist wie Opa Steffens? Aber auch das kann Leon sich überhaupt nicht vorstellen.

»Komm, wir gucken mal, was es Neues gibt in der Welt!«, schlägt Opa Steffens vor.

»Oh ja! Und du liest vor!«, ruft Leon, der sich gern mal verwöhnen lässt.

Und während sich Opa Steffens mit der Zeitung in seinen Lesesessel setzt, macht Leon es sich auf dem Sofa bequem. Opa Steffens schlägt die Zeitung auf und überfliegt die Überschriften. »Ah, hier ist etwas für dich!«, sagt er und liest: »Kölner Zoo hat Nachwuchs bekommen! Zwei kerngesunde Löwenbabys erblickten gestern im Kölner Zoo das Licht der Welt.«

»Toll! Und was steht da noch?«, will Leon wissen.

Opa Steffens lässt die Zeitung in den Schoß sinken. »Tut mir leid, Jungchen! Meine Augen wollen nicht. An manchen Tagen kann ich nur noch die Überschriften lesen.«

»Wieso?«, fragt Leon erstaunt. »Du hast doch eine Brille!«

»Ja, schon. Aber meine Augen sind alt und müde. Da hilft auch die Brille nicht weiter.«

Schwerfällig schiebt Opa Steffens sich aus dem Sessel. »Ich sollte mich sowieso besser anziehen. Was soll denn deine Mutter von mir denken, wenn ich immer noch im Schlafanzug bin! Bestimmt kommt sie gleich zurück!«

Da klingelt es auch schon.

»Siehst du, jetzt haben wir den Salat!«, sagt Opa Steffens. »Ich gehe schnell ins Bad, und du machst die Tür auf.«

Leon rennt zur Tür. Ach herrje! Mamas Einkaufskorb ist randvoll mit Obst und Gemüse! Wie gut, dass er Opa Steffens hat!

»Hallo, mein Schatz«, sagt Mama. »Kommst du?«

»Opa Steffens zieht sich sowieso gerade an«, antwortet Leon und zieht die Tür ins Schloss.

Auf dem Weg nach oben sprudelt es nur so aus Leon heraus: »Stell dir vor! Opa Steffens hat als kleiner Junge fast genauso ausgesehen wie ich! Und er war auch genauso blond und dünn! Und lahm war er auch nicht. Er konnte genauso schnell rennen wie ich!«

»Und woher weißt du das alles?«, fragt Mama.

»Weil wir uns alte Fotos angesehen haben«, antwortet Leon. »Aber warum ist Opa Steffens so lahm geworden? Und warum kann er nicht mehr gut hören und sehen?«

Mama öffnet die Wohnungstür. Drinnen stellt sie den vollen Einkaufskorb auf den Küchentisch und sagt: »Weil er fast achtzig ist. Das ist schon ziemlich alt.«

Leon macht ein nachdenkliches Gesicht. »Aber was ist Altsein? Und wie fühlt es sich an?«

»Hm«, überlegt Mama. »So genau weiß ich das natürlich auch nicht. Aber ich könnte mir vorstellen, dass man mit den Jahren immer mehr an Kraft verliert. Und irgendwann fällt dann das Gehen schwer, die Augen werden müde, und die Ohren hören nicht mehr gut.«

»Auch bei mir?«, fragt Leon.

Mama lacht. »Ja, auch bei dir, kleiner Mann. Aber bis dahin dauert es noch gaaaaaanz lange!«

Das beruhigt Leon.

»Natürlich hängt es auch ein bisschen von dir ab«, fügt Mama hinzu.

»Wieso?«, fragt Leon.

»Ganz einfach! Wer sich fit hält, bleibt auch länger fit. Und die Ernährung spielt auch eine Rolle. Je gesünder, desto besser.«

»Aber wie fühlt sich Altsein an?«, fragt Leon wieder.

Mama denkt nach. Und plötzlich ruft sie: »Ich hab eine Idee! Wir machen einen Versuch!«

Und ehe Leon sich's versieht, hat Mama ihm ihre Arm- und Fußhanteln angezogen. »Schön stehen bleiben! Ich bin noch nicht fertig.«

Mama verschwindet im Flur.

»Was hast du denn vor?«, fragt Leon.

»Du wolltest doch wissen, wie es sich anfühlt, wenn man alt ist!«, ruft Mama zurück.

Leon staunt nicht schlecht, als sie mit Taucherbrille und Ohrstöpseln zurückkommt.

»Was willst du denn damit?«, fragt er.

Doch bevor er die Frage ausgesprochen hat, hat Leon schon eine Taucherbrille vor den Augen und Ohrstöpsel in den Ohren.

Mama sagt etwas, aber Leon versteht nur Bahnhof.

»Was hast du gesagt?«, schreit er.

Erst als Mama laut und deutlich spricht, kann Leon verstehen, was sie sagt: »VERSUCH MAL ZU LAUFEN!«

Unsicher stapft Leon durch die Küche, die Arme weit nach vorne gestreckt. »Ich kann nicht! Meine Arme und Beine sind so schwer. Außerdem kann ich nicht richtig sehen! Und hören kann ich auch nicht gut.« Leon lässt die Arme sinken und stöhnt: »Puh, ist das anstrengend!«

Mama zieht Leon die Stöpsel aus den Ohren. »Siehst du, so ungefähr fühlt es sich an, alt zu sein.«

»Armer Opa Steffens!«, sagt Leon. »Jetzt weiß ich, warum er so lahm ist.«

Leon nimmt die Taucherbrille ab und Mama die Gewichte. Von einer

Sekunde auf die andere fühlt er sich federleicht. Ausgelassen springt er durch die Küche. Doch plötzlich bleibt er stehen.

»Was hast du denn?«, fragt Mama.

»Opa Steffens kann niemand Gewichte abnehmen«, antwortet Leon.

»Hm, das stimmt. Dann überleg doch mal, womit du ihm eine Freude machen könntest«, schlägt Mama vor.

Da braucht Leon nicht lange zu überlegen. Er schnappt sich den schönsten und größten Apfel aus dem Einkaufskorb und ruft: »Ich bin unten!«

Natürlich dauert es wieder eine ganze Weile, bis Opa Steffens aufmacht. Doch dieses Mal ist Leon nicht ungeduldig.

»Jungchen, du?«, fragt er überrascht.

Leon hält ihm den Apfel entgegen: »Der ist für dich! Damit du noch lange fit bleibst!«

»Das ist aber lieb von dir«, sagt Opa Steffens gerührt.

»Wenn du möchtest, lese ich dir die Zeitung vor!«, platzt es aus Leon heraus.

»Na, wenn das kein Angebot ist! Komm rein, Jungchen!«

Opa Steffens freut sich und geht gleich auf seinen Lesesessel zu. Doch Leon ist schneller und ruft: »Besetzt! Du darfst dich heute ausruhen!«

Opa Steffens kann sich nur wundern. Er macht es sich auf dem Sofa bequem, beißt in den Apfel und fragt: »Was ist denn mit dir los? Willst du mich etwa verwöhnen?«

Leon sitzt mit aufgeschlagener Zeitung im Lesesessel und sagt verschmitzt: »Wie kommst du denn darauf? Wir Männer müssen doch zusammenhalten! Hast du selbst gesagt!«

Wie kommt der Strom in die Steckdose?

Endlich ist Sonntag. Lisa wacht auf und freut sich riesig auf den Tag. Sonntags haben Mama und Papa den ganzen Tag Zeit. Und zum Supersonntagsfamilienfrühstück gibt es gleich ihre Lieblingspfannkuchen.
»Aaah-aaahhh!«, hört Lisa plötzlich ihre Mama schreien. Erschrocken springt sie aus dem Bett und rennt ins Badezimmer. Mama hat sich ein Handtuch umgeschlungen und kommt gerade bibbernd aus der Dusche.
»Das warme Wasser funktioniert nicht«, erklärt Mama und befühlt den Heizungskörper. »Und die Heizung geht auch nicht. Weck doch mal Papa, damit er guckt, was los ist.«

Lisa stürmt ins Schlafzimmer, wo es noch ziemlich dunkel ist. Heftig schüttelt sie ihren Vater. »Papa, aufwachen! Mama erfriert! Die Heizung geht nicht.«

Verschlafen tastet Lisas Papa nach der Nachttischlampe und drückt auf den Schalter. Doch es passiert nichts. »Wohl 'ne Sicherung kaputt«, brummt er. Er zieht sich seinen Bademantel über und schlurft auf den Flur. Dort macht er einen grauen Kasten auf und guckt nachdenklich hinein. »Mhm, scheint alles in Ordnung zu sein. Wahrscheinlich ein Stromausfall«, sagt er. »Ich rufe mal bei den Stadtwerken an. Wo ist das Telefonbuch? Ach, verflixt!«

»Was ist denn, Papa?«, fragt Lisa.

»Ohne Strom geht das Telefon ja nicht!«, antwortet Lisas Vater. »Na, haben wir ein Glück, dass es heute Handys gibt.«

»Ja, ein Riesenglück«, hören sie Mamas Stimme hinter sich. »Vor allem, wenn der Akku leer ist.« Sie hält Papas Handy in die Höhe und grinst. »Aber irgendjemand ruft bestimmt bei den Stadtwerken an. Versucht mal, ob ihr den Kaminofen in Gang kriegt. Ich wärm mich erst mal im Bett wieder auf.«

»Aber was ist mit unserem Sonntagsfrühstück und den Pfannkuchen?«, fragt Lisa.

»Tja, ohne Strom funktioniert der Herd nicht und ohne Herd keine Pfannkuchen, kein heißer Kakao und ...« Lisas Papa verstummt plötzlich.

»... kein Kaffee«, vollendet Lisa den Satz.

»Du sagst es«, seufzt er.

Und dann versuchen Lisa und ihr Papa ein Feuer im Kaminofen zu machen. Aber es klappt nicht, das Holz qualmt nur vor sich hin.

»Papa, wird denn der Strom bei den Stadtwerken gemacht?«, fragt Lisa.

»Was hast du gesagt? Hm, ja, ich glaube schon«, murmelt Lisas Vater nur und starrt konzentriert in den qualmenden Ofen.

»Wo sind diese Stadtwerke eigentlich?«, fragt Lisa weiter.

»Hm? Ähm … irgendwo im Industriepark. Mist, ich brauch noch einen Anzünder!«, schimpft Papa.

»Ich kann da doch Bescheid sagen«, schlägt Lisa vor und wartet gespannt auf die Antwort.

»Hm-hm«, sagt ihr Papa nur.

Kein Zweifel! Papas »Hm-hm« hat sich wie ein »Ja« angehört, findet Lisa. Sie macht die Wohnzimmertür hinter sich zu und geht in den Flur. Dort hängt ein Busplan an der Pinnwand. Langsam fährt Lisa mit dem Finger zunächst auf der Linie entlang, die sie immer mit Mama und Papa in die Stadt nimmt. Es dauert ein bisschen, aber dann findet sie am Kartenrand, wonach sie sucht. Da steht es: »Stadtwerke«! Sie muss nicht mal umsteigen. Rasch geht sie in ihr Zimmer, um ihr Taschengeld für die Busfahrkarte zu holen. Vorsichtshalber schreibt sie noch eine Nachricht: »Bin bei Stattwärken!«

Eine Stunde später steht Lisa vor den Stadtwerken. In einem Häuschen am Eingangstor sitzen zwei Männer hinter einer großen Glasscheibe. Kaum haben sie Lisa gesehen, kommt einer von ihnen heraus und geht auf Lisa zu. »Hallo. Bist du Lisa Erhardt?«, fragt der Mann.

»Hallo«, sagt Lisa und nickt. Woher weiß der Mann nur ihren Namen?

»Dein Vater hat eben angerufen«, erklärt der Mann. »Deine Eltern machen sich riesige Sorgen. Warum bist du denn hergekommen?«

Ihr Papa hat angerufen? Dann gibt es zu Hause wohl auch wieder Strom. Aber daran, dass ihre Eltern sich Sorgen machen, hat Lisa gar nicht gedacht. »Ich wollte doch nur Bescheid sagen«, sagt sie.

»Bescheid sagen?« Der Mann sieht sie erstaunt an.

»Ja, dass wir keinen Strom haben. Und ich wollte sehen, wo der bleibt. Der kommt doch von hier, oder?«, antwortet Lisa.

»Ach so«, sagt der Mann und lächelt. »Wir haben den Stromausfall schon bemerkt und alles repariert. Aber es ist trotzdem nett von dir, uns Bescheid zu sagen. Wenn du Lust hast, kann ich dir zeigen, wie wir hier den Strom machen. Doch vorher rufen wir besser bei deinen Eltern an, damit sie dich abholen.«

Natürlich hat Lisa Lust dazu. Wenn nur der Anruf nicht wäre. Ob ihre Eltern wohl schimpfen werden? Doch dann am Telefon freut sich Lisas Vater nur, dass ihr nichts passiert ist. Erleichtert verspricht er, sie gleich abzuholen. Aber vorher darf Lisa noch sehen, woher der Strom kommt.

Der nette Mann, der Herr Fischer heißt, führt Lisa in ein riesiges Gebäude. In einem Fahrstuhl fahren sie bis ganz nach oben. Dort führt Herr Fischer Lisa einen Gang entlang, bis er schließlich vor einer Tür stehen bleibt. »Büro Herr Fischer« steht auf dem Türschild. Herr Fischer öffnet die Tür und fordert Lisa auf, ihm zu folgen.

Staunend betritt sie den Raum. Durch eine dicke Glaswand kann sie in eine riesige Halle hinabsehen. Dort wimmelt es nur so von dicken Rohren und seltsamen Maschinen. Die müssen ziemlich laut sein, denn von unten ist ein deutliches Brummen zu hören. Durch die Fenster auf der gegenüberliegenden Hallenseite sieht sie ein großes Gebäude mit einem hohen Schornstein, aus dem heller Rauch kommt. Und links daneben ist ein eingezäuntes Gelände. Mitten in einem Wirrwarr aus Strommasten und Leitungen liegen dort zwei riesige Klötze. Die sehen fast wie zwei Monsterspinnen in einem Riesennetz aus, findet Lisa.

»In diesem Durcheinander wird Strom gemacht?«, staunt sie.

»So ist es«, sagt Herr Fischer und lächelt. »Aber eigentlich ist es ganz einfach. Schau mal.« Er öffnet eine Schreibtischschublade und holt einen rötlich schimmernden Draht heraus. »Das ist ein normaler Stromdraht aus Kupfer. Im Kupfer gibt es Unmengen von unsichtbaren Teilchen. Bringt man die durch einen Trick in Bewegung, fließt Strom.«

Den Trick will Lisa natürlich unbedingt kennenlernen. Herr Fischer nimmt einen Nagel aus der Schublade. Um den wickelt er den Draht herum. »Das ist eine Drahtspule«, erklärt er. Dann holt er etwas hervor, das wie ein großes Hufeisen aussieht, und legt es auf den Tisch.

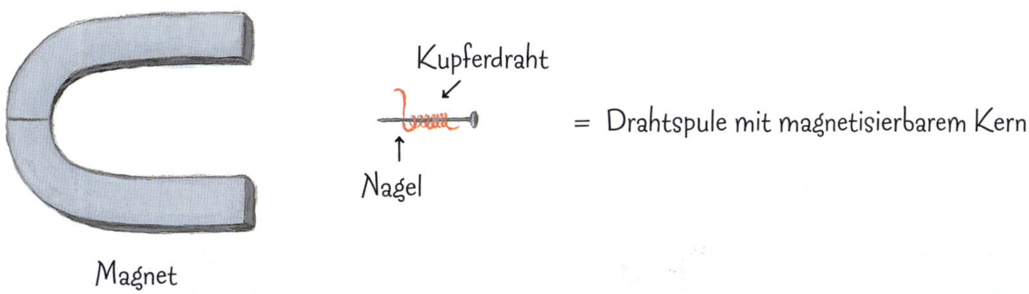

»Kenn ich«, ruft Lisa stolz. »Das ist ein Magnet. Der zieht Dinge aus Eisen an.«

»Genau. Eisen wird vom Kraftfeld des Magneten angezogen. Aber das Magnetfeld kann noch mehr, nämlich die unsichtbaren Teilchen in Bewegung bringen und so Strom erzeugen«, sagt Herr Fischer. »Dazu muss sich die Drahtspule nur im Magnetfeld drehen. Zum Beispiel so!«

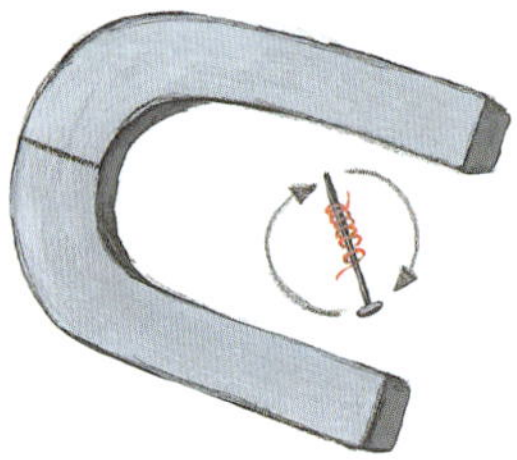

Er legt den Nagel mit der Spule zwischen die Magnetzungen und dreht ihn mit den Fingern. Das erinnert Lisa ein wenig an einen sich drehenden Uhrzeiger.

Aber so toll findet sie das noch gar nicht. »Ist das nicht ziemlich nervig, das ständig zu drehen?«

»Nervig?«, sagt Herr Fischer. »Nein, gar nicht. Denn dafür gibt's auch einen Trick. Was wäre, wenn ich in der Mitte der Nagellänge einen Stab anbringen würde, an dessen anderem Ende sich eine Art Schiffsschraube befindet? Und was, wenn man auf die Schraube dann einen Dampfstrahl leitet?«

»Dann dreht sich die Schraube und mit ihr die Spule!«, ruft Lisa begeistert. Doch dann fällt ihr was ein. »Aber woher kommt der Dampf?«

»Von dort«, antwortet Herr Fischer und zeigt auf das Gebäude mit dem Schornstein. »Das ist das Kraftwerk. Dort verbrennen wir Müll, um Wasser zu erhitzen und in Dampf umzuwandeln. Andere Kraftwerke machen das mit Kohle, Gas, Atomkraft oder Sonnenwärme. Der Dampf wird auf eine riesige Schraube geleitet. Die dreht sich dann und bringt dadurch eine Spule in einem Magnetfeld zum Drehen. Das passiert da unten in der Halle, und das Gerät, in dem mit einer Spule und einem Magneten Strom gemacht wird, heißt Generator.«

»Und was sind das da für fiese Monsterspinnen?«, sagt Lisa und zeigt auf die zwei riesigen Klötze auf dem eingezäunten Gelände.

»Monsterspinnen?«, fragt Herr Fischer verblüfft. Aber dann versteht er, was Lisa meint. »Ach, die. Das sind Transformatoren. Damit der Strom aus dem Generator den ganzen weiten Weg in Häuser und Fabriken leichter zurücklegen kann, verpassen wir ihm noch eine hohe Antriebskraft, und das wird in den Transformatoren gemacht. Die Antriebskraft wird auch Spannung genannt. Sie wird in Volt gemessen. Der Strom, den wir hier losschicken, hat eine Spannung von 110.000 Volt.«

Lisa findet, dass das ganz schön viel ist. Strom kann doch auch sehr gefährlich sein. Ihre Mama und ihr Papa haben ihr jedenfalls verboten, an Steckdosen und Stromkabeln herumzuspielen.

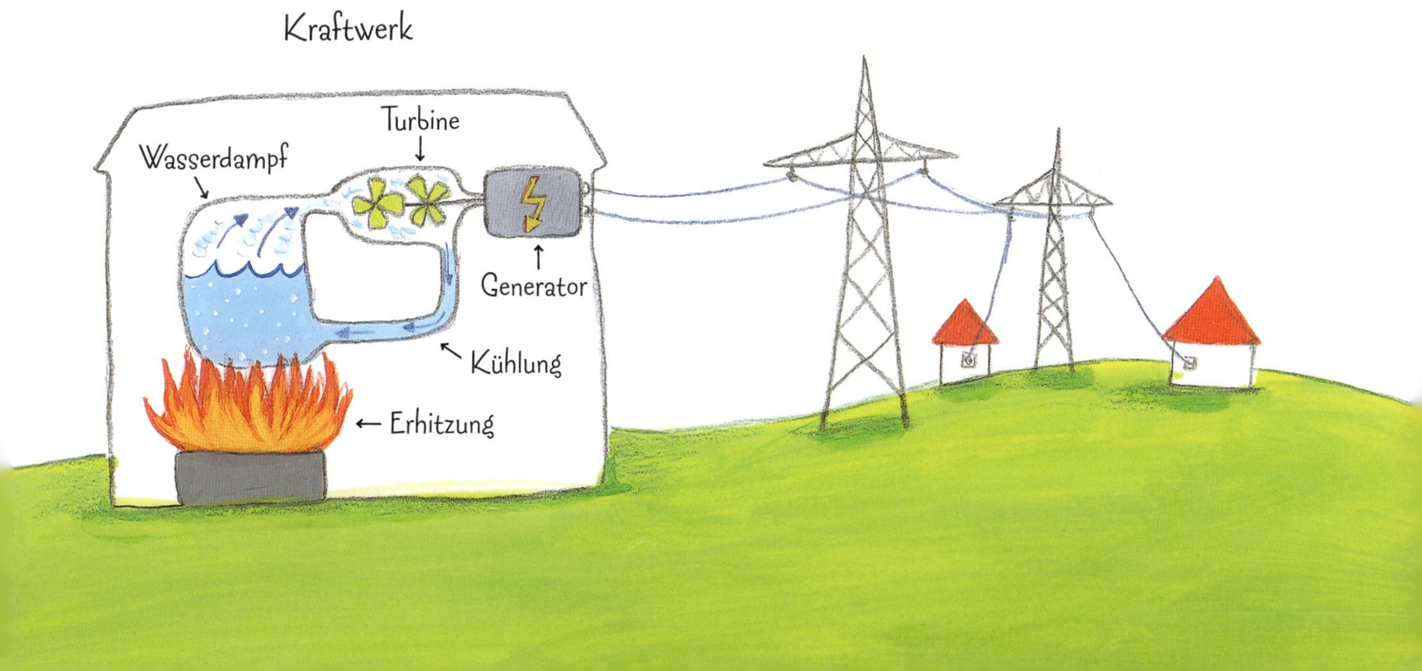

»Ja, da haben deine Eltern recht«, sagt Herr Fischer. »Strom ist sehr gefährlich, und mit hoher Spannung ist er unglaublich gefährlich. Bevor der Strom bis zu euch nach Hause in die Steckdose kommt, schwächen wir ihn deswegen durch Transformatoren wieder ab und …« Aber weiter kommt Herr Fischer nicht mehr, denn sein Handy klingelt. Lisas Eltern sind da. Lisa hat gar nicht gemerkt, wie schnell die Zeit vergangen ist. Am Tor verabschiedet sie sich noch von Herrn Fischer, bevor sie auf ihre Eltern zustürmt. Sie kann es gar nicht erwarten, ihnen zu erzählen, was sie nun alles über den Strom weiß.

»… und am Schluss bringen diese Monsterspinnen den Strom auf über 100.000 Volt oder so, damit er leichter zu uns kommt«, erklärt Lisa Mama und Papa, als sie sich später zu Hause die Pfannkuchen schmecken lassen.

»Monsterspinnen?«, fragt ihre Mutter entsetzt.

»Na ja, diese Transoma…, Transfurma…«

»Transformatoren meinst du bestimmt«, sagt Mama und schmunzelt. »Du hast ja ganz schön was erlebt, Lisa. Aber du musst uns etwas versprechen.«

»Was denn?«, fragt Lisa.

»Dass du nie wieder so allein durch die Stadt fährst«, sagt Papa.

Lisa überlegt erst eine Weile, bevor sie antwortet. »Einverstanden, aber nur, wenn du versprichst, mir besser zuzuhören!«

»Abgemacht«, sagt Papa und lacht, und Lisa findet, dass es trotz Stromausfall noch ein richtig toller Sonntag geworden ist.

Warum verlieren die Bäume im Herbst ihre Blätter?

»Hey, Papa! Hierher, ich bin frei!« Emil winkt und brüllt aus Leibeskräften. So schnell er kann, läuft er an Onkel Günther vorbei, der gerade auf dem nassen Laub im Garten ausgerutscht ist und dabei einen tollen Purzelbaum geschlagen hat. Wenn Papa ihm jetzt den Ball zuspielen würde, müsste er nur noch seine Cousine Anna austricksen.

Es ist Herbst, und Anna ist mit Tante Birgit und Onkel Günther übers Wochenende zu Besuch gekommen. Ebenso wie Papa und Emil spielen Anna und Onkel Günther für ihr Leben gern Fußball. Wer gewinnt, wird Familienmeister und bekommt nachher in Emils Lieblingseisdiele den extragroßen Weltmeister-Eispokal.

»Mensch, Papa! Mach doch!«, schreit Emil im Laufen.

Da, endlich schießt Papa ihm den Ball zu, doch der landet ziemlich weit von Emil entfernt auf dem Rasen und rollt dann auf den Gartenteich zu.

Mist, ich stand so schön frei, denkt Emil.

Als er sieht, dass Anna auf den Ball zurennt, versucht er, noch schneller zu werden. Ein paar Meter bevor der Ball ins Wasser rollt, hat er ihn fast erreicht. Er guckt noch einmal nach rechts zu Anna hinüber. Kein Problem! Er ist viel schneller. Ohne langsamer zu werden, winkt er Anna zu und grinst.

»Emil, pass auf! Vor dir!«, schreit Anna plötzlich. Emil sieht wieder auf den Ball. Doch der schwimmt bereits im Wasser, und Emil ist nur noch zwei Schritte vom Teich entfernt. Aus vollem Lauf versucht er zu stoppen. Aber auf dem nassen Laub, das auch hier auf dem Rasen liegt, rutschen seine Füße einfach weg. Emil hebt ab, segelt durch die Luft und landet mit einem lauten Platscher im Teich. Prustend kommt er wieder an die Oberfläche. Zum Glück ist das Wasser nicht tief, und Emil kann stehen. Verdutzt blickt er sich um. Papa, Onkel Günther und Anna kommen sofort angerannt. Wütend schnappt Emil sich den Ball und watet ans Ufer. Diese verdammten Blätter!

»Emil! Ist dir was passiert?«, fragt Papa und reicht ihm eine Hand.

»Nee«, antwortet Emil. Er nimmt Papas Hand und klettert aus dem Wasser. Er ist total sauer und könnte heulen vor Wut.

»Mach dir nichts draus, Emil«, tröstet ihn Papa. »Das hätte jedem passieren können. Im Grunde ist das auch meine Schuld.

Ich wollte das nasse Laub schon längst weggekehrt haben. Lass uns erst mal reingehen, damit du trockene Sachen anziehen und dich aufwärmen kannst. Ich gebe eine Runde heißen Kakao aus.«

Eine halbe Stunde später sitzt Emil frisch geduscht und in trockenen Sachen mit den anderen am Küchentisch. Papa hat heißen Kakao gemacht, und Mama und Tante Birgit haben Waffeln gebacken. Emil ist nicht mehr ganz so wütend, aber irgendwie immer noch sauer, dass er wegen dieser dämlichen Blätter ins Wasser gefallen ist.

»Diese blöden Blätter!«, schimpft er und nimmt noch einen großen Schluck Kakao. »Warum müssen Bäume ihre Blätter überhaupt abwerfen?«

»Weil sich im Winter auf den Blättern so viel Schnee sammeln könnte, dass die Äste unter der schweren Last abbrechen. Und weil die Bäume sonst verdursten würden«, antwortet Papa und lächelt.

»Weil sie verdursten würden? Och Mann, Papa!«, beschwert sich Emil und verdreht die Augen. Erst ist er ins Wasser gefallen, und nun will Papa ihn auch noch veräppeln. Das mit dem Schnee auf den Ästen kann ja noch sein. Aber das mit dem Verdursten klingt für Emil völlig verrückt.

»Nein, wirklich«, sagt Papa und guckt in die Runde. Aber auch Anna, Tante Birgit, Onkel Günther und sogar Mama scheinen Papa das nicht so ganz abzunehmen. Mit großen Augen schauen sie ihn fragend an.

»Okay«, sagt Papa. »Ich erklär's euch. Wenn die Bäume merken, dass es Winter wird …«

»Wie sollen sie das denn merken?«, unterbricht Emil ihn misstrauisch. Er ist noch nicht ganz sicher, ob Papa sie vielleicht doch verulkt. »Die haben doch keinen Kalender!«, fügt er noch hinzu.

»Stimmt«, bestätigt Papa. »Bäume haben keine Kalender. Aber überlegt mal. Woran merkt man auch ohne Kalender, dass es Winter wird?«

»Bestimmt daran, dass es früher dunkel ist«, sagt Mama.

»Hm, und vielleicht daran, dass es kälter wird?«, schlägt Anna vor.

»Genau, beides stimmt«, antwortet Papa. »Wenn das der Fall ist, wird es für die Bäume Zeit, die Blätter abzuwerfen. Vor allem die Kälte wäre sonst gefährlich. Im Sommer nehmen Bäume über ihre Wurzeln Wasser und Nährstoffe auf, um sie hoch zu den Blättern zu transportieren. Über die Blätter wird dann ein großer Teil des Wassers wieder an die Luft abgegeben. Es verdunstet. Ein großer Baum verdunstet bis zu fünfhundert Liter Wasser an einem Tag.«

»Das hört sich aber ganz schön viel an«, staunt Anna.

»Kann man wohl sagen«, meint Papa und zeigt auf eine Milchtüte auf dem Küchentisch. »Für so viel Wasser bräuchte man fünfhundert von diesen Tüten. Wenn es aber nun kälter wird, schaffen die Baumwurzeln es nicht mehr, diese große Wassermenge als Nachschub aufzusaugen, und wenn der Boden gefriert, wird fast gar kein Wasser mehr transportiert. Der Baum muss also seine Blätter abwerfen, damit kein Wasser mehr verdunstet. Denn sonst …«

»Würde er vertrocknen und somit verdursten«, vollendet Onkel Günther ganz verblüfft den Satz.

»So ist es!« Papa strahlt.

»Aber warum werden die grünen Blätter vor dem Abfallen denn gelb oder rot?«, fragt Emil, der inzwischen ganz sicher ist, dass Papa sie doch nicht veräppelt, und das mit den Blättern jetzt ganz genau wissen will.

»Das Grün der Blätter kommt vom Chlorophyll und …«

»Chlo-was?«, unterbricht Emil Papa und muss grinsen, weil er findet, dass sich das Wort total komisch anhört.

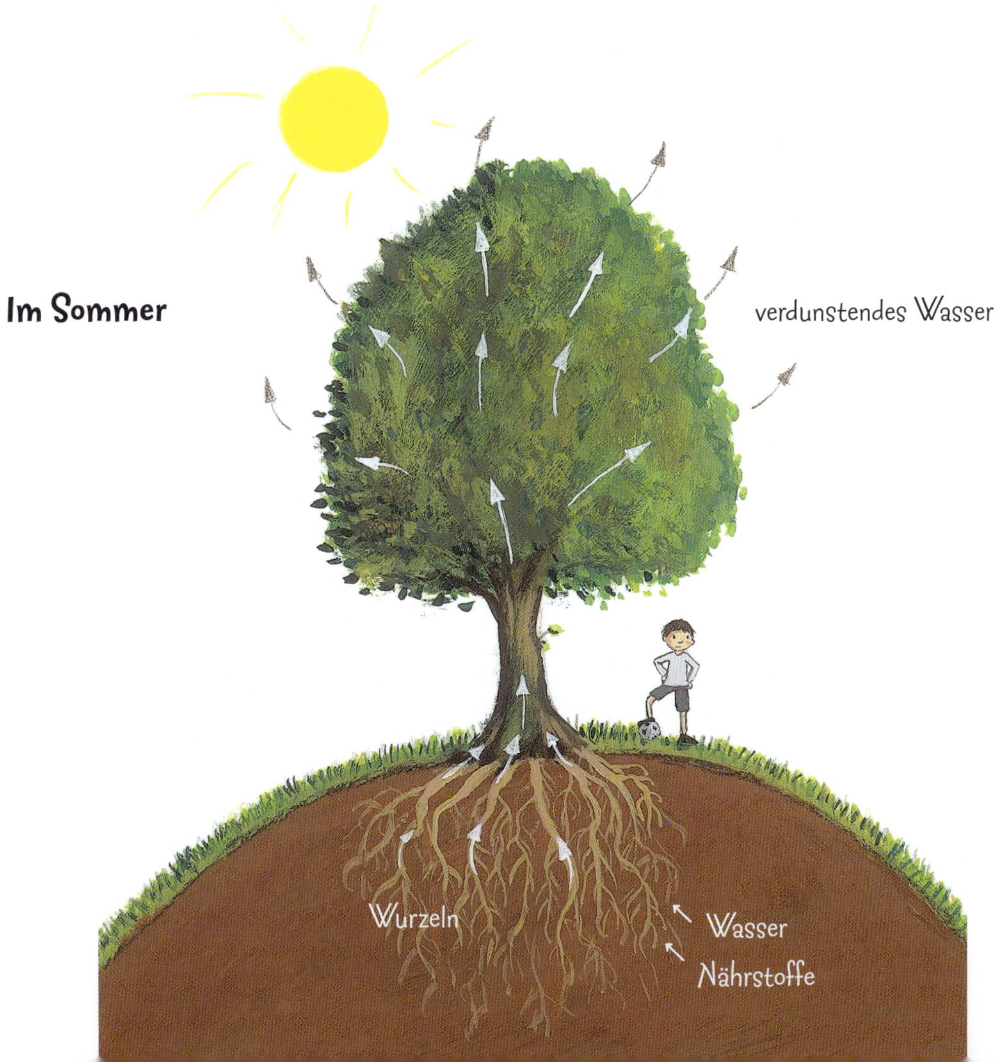

»Chlo…ro…phyll«, antwortet Papa geduldig und spricht das komische Wort noch mal langsam aus. »Das ist für Bäume ein wichtiger Stoff, den sie zum Leben brauchen. Bevor sie also nun die Blätter abwerfen, saugen sie das grüne Chlorophyll zusammen mit Wasser und Nährstoffen aus ihnen zurück. Das alles wird im Holz und in den Wurzeln für den Winter gespeichert. Andere Blattfarben wie Rot oder Gelb wurden vorher vom Grün überdeckt, doch nun kommen sie zum Vorschein«, beendet Papa seine Erklärung und schaut in die Runde. Aber es gibt keine Fragen mehr, und der Kakao und die Waffeln sind auch alle. »Okay, wie wär's, wenn wir jetzt weiterspielen?«, schlägt Papa

Im Winter

deshalb vor. »Schließlich müssen wir doch wissen, wer Familienmeister wird und den Weltmeister-Pokal bekommt, oder?«

Emil, Anna und Onkel Günther sehen sich an. Dann grinsen sie und nicken. »Aber nur unter einer Bedingung«, sagt Emil schließlich.

»Und die wäre?«, fragt Papa gespannt.

»Vorher musst du endlich diese blöden Blätter wegkehren«, antwortet Onkel Günther und reibt sich demonstrativ den Rücken, auf den er vorhin bei seinem Purzelbaum gefallen ist.

»Bei den vielen Blättern kann das aber etwas dauern«, meint Papa ein wenig kleinlaut.

»Aber nicht, wenn wir alle helfen!«, ruft Emil und springt auf. Sie gehen zurück in den Garten, und schon nach kurzer Zeit ist das Spiel wieder in vollem Gange.

Warum fallen Milchzähne aus?

Für Paul ist heute ein ganz besonderer Tag. Opa hat ihn vom Kindergarten abgeholt. Aufgeregt sitzt Paul hinten im Kindersitz, den Opa extra in sein Auto eingebaut hat, und erzählt, was die nette Frau Maletzke wieder alles für tolle Spiele mit ihnen gemacht hat. Aber das ist noch nicht alles. Opa und Oma werden sogar eine ganze Woche bei ihnen zu Hause bleiben und Papa und Mama helfen, auf seinen Bruder Jonas aufzupassen. Pauls Mama liegt nämlich mit einer schweren Erkältung im Bett, und Papa muss den ganzen Tag arbeiten. Klar, auf ihn müsste natürlich niemand aufpassen, findet Paul. Er ist zum Glück schon sechs und kommt bald in die Schule. Bei Jonas aber ist das ganz anders. Er ist erst drei Monate alt.

Als Opa und Paul nach Hause kommen, wartet schon Pauls Lieblingsgericht auf ihn. Oma hat Pommes frites mit Würstchen extra nur für ihn gemacht. Denn Mama liegt krank im Bett und hat überhaupt keinen Hunger. Und Opa und Oma wollen nur ein Butterbrot. »Also«, meint Opa, als er sein Brot gegessen hat, »ich halte jetzt mal meinen Fitnessschlaf. Schließlich will ich dich nachher noch im Fußball schlagen.«

»Nie im Leben«, antwortet Paul und lacht, obwohl er bisher immer gegen Opa verloren hat. Aber darüber hat Paul sich noch nie geärgert, denn schließlich ist Opa der beste Fußballer der Welt. Oder zumindest der beste Fußball-Opa der Welt. »Und wenn ich verliere, dann nur wieder, weil du mit der Schiedsrichterin befreundet bist«, fällt Paul noch ein und zeigt auf Oma.

»Keine Angst, ich werde völlig unparteiisch sein«, sagt Oma und geht kurz in die Küche, um die Flasche für Jonas fertig zu machen.

Paul bleibt am Esszimmertisch sitzen. Durch die halb angelehnte Tür von Jonas' Zimmer hört er plötzlich ein Geräusch. Paul hört auf zu essen und lauscht gespannt. Okay, immerhin noch kein Gebrüll, denkt Paul. Aber er weiß, dass diese kurzen, irgendwie wütend klingenden Huster bei Jonas nichts Gutes bedeuten. Jeden Moment wird sein Bruder so laut losschreien, dass Mama und Opa aus dem Bett fallen. Schon komisch, denkt Paul. Warum brüllt Jonas nur so viel rum? Babys schreien, wenn sie was wollen, hat Mama ihm mal erklärt. Wenn Jonas aber immer so viel schreit, überlegt Paul, bekommt er vielleicht nicht das, was er eigentlich will. Das ist doch irgendwie logisch. Nachdenklich starrt er auf seinen Teller und tunkt ein Pommesstäbchen tief in den Ketchup ein. Und dann hat er plötzlich eine Idee! Jonas schreit, weil er immer nur Milch bekommt. Kein Wunder! Da würde doch jeder schreien. Vor allem, wenn man noch nicht sprechen kann. Für Paul ist der Fall klar. Er wird seine geliebten Pommes mit Jonas teilen. Entschlossen nimmt er seinen Teller und geht in Jonas' Zimmer.

Ganz leise nähert Paul sich Jonas' Bett. Als Jonas Paul mit dem Pommesteller in der Hand sieht, hört er sofort mit seinen Nörgelhustern auf und guckt Paul mit großen Augen an. Dann fängt er an zu lachen.

»Na, wusste ich's doch, Jonas«, sagt Paul und freut sich riesig, weil sein Bruder sich so freut. »Immer nur Milch. Und dann auch noch lauwarm.

Aber das hier wird dir schmecken.« Paul tunkt ein Pommesstäbchen in den Ketchup und hält es Jonas an den Mund.

»Paul, was machst du denn da?«, hört Paul plötzlich eine Stimme hinter sich.

Erschrocken dreht er sich um. Vor ihm steht Oma mit einer Milchflasche für Jonas. Sie guckt überrascht auf den Teller und das Pommesstäbchen, das Paul in seinen Händen hält.

Paul legt langsam das Pommesstäbchen wieder auf den Teller. »Jonas mag das nicht mehr«, sagt er und zeigt mit einem ketchupbeschmierten Finger auf Omas Milchflasche. Dann erklärt er, warum er mit Jonas die Pommes teilen wollte.

»Das ist nett von dir, dass du Jonas was von deinen Pommes geben willst«, sagt Oma, als er fertig ist. Sie nimmt Paul den Teller ab und stellt ihn auf die Wickelkommode. »Aber Babys können noch keine feste Nahrung wie Pommes, Brot oder Fleisch essen. Sie haben doch keine Zähne zum Kauen.«

Hmm, da muss Paul Oma recht geben. Jonas hat eindeutig keine Zähne. Eigentlich komisch, findet Paul und will das jetzt genauer wissen. »Aber warum haben Babys denn noch keine Zähne?«, fragt er. »Das ist doch völlig blöd und unpraktisch.«

»Nein, so blöd ist das gar nicht«, sagt Oma und lächelt. »Babys brauchen keine Zähne, weil sie sowieso noch keine feste Nahrung vertragen. Sie würden davon schlimme Bauchschmerzen bekommen, weil ihr Magen nicht daran gewöhnt ist. Stattdessen bekommen sie Milch. Da ist außerdem auch viel Kalzium drin, das die Zähne zum Wachsen brauchen. Wenn dann nach ein paar Monaten die ersten Zähne da sind, vertragen Babys auch feste Nahrung.«

»Ach, deswegen heißen die ersten Zähne Milchzähne!«, ruft Paul verblüfft. »Weil sie Milch zum Wachsen brauchen. Und wenn man später endlich nicht mehr so viel Milch trinken muss, fallen sie aus. So wie hier«, sagt er stolz und reißt weit den Mund auf, um Oma unten eine Lücke zwischen zwei Schneidezähnen zu zeigen, in der schon ein neuer Zahn zu sehen ist. »Damit der richtige Zahn Platz hat. Der, der dann auch mit Pommes und Würstchen wächst.«

»Ja, richtig. Das könnte man glatt meinen.« Oma nickt. »Aber die Milchzähne heißen so, weil sie weiß wie Milch sind. Und dass sie ausfallen, hat damit zu tun, dass du wächst.«

»Dass ich wachse?«, fragt Paul und runzelt die Stirn. Das kann er sich nun gar nicht vorstellen.

»Genau. Du wächst ja nicht bloß in die Höhe. Beim Wachsen werden fast alle Körperteile größer – auch dein Kopf und der Ober- und Unterkieferknochen, in denen die Zähne sitzen. Nur die Zähne selbst, die wachsen nicht mit. Sie müssen deshalb durch neue, größere ersetzt werden. Die passen dann viel besser in die größer gewordenen Kieferknochen als die kleineren Milchzähne. Außerdem hast du am Ende nicht nur zwanzig, sondern zweiunddreißig Zähne, wenn alle …«

Doch in diesem Moment wird Oma von lautem Gebrüll unterbrochen. Fast hätten sie Jonas vergessen!

»Oje«, sagte Oma. »Armer Jonas. Wir unterhalten uns hier einfach, und du kriegst nichts zu essen. Da würde ich auch schreien. Paul, du wolltest ihn doch füttern. Wie wär's, wenn du ihm die Flasche gibst?«

»Echt? Prima!«, freut sich Paul.

»Am besten, du setzt dich dafür auf die Couch«, erklärt Oma lächelnd und drückt Paul die Flasche in die Hand. Dann hebt sie Jonas aus seinem Bettchen und legt ihn vorsichtig in Pauls Arme. Ganz sachte führt Paul die Flasche an Jonas' Mund. Ungeduldig nimmt sein Bruder den Nuckel in den Mund und fängt kräftig an zu saugen.

»Genau, trink schön, Jonas«, sagt Paul leise. »Das ist nur Milch. Aber dadurch wachsen deine Zähne. Und wenn die da sind, kriegst du endlich deine Pommes. Versprochen!«

Wohin geht die Sonne, wenn wir schlafen?

Nach den Ferien kommt Hannah in die Schule. Doch daran denkt sie im Moment nicht eine Sekunde. Fröhlich rennt sie im kniehohen Meer dem großen gelben Wasserball hinterher, der zwischen ihr, Mama und Papa hin und her fliegt. Urlaub am Meer ist einfach das Schönste, was Hannah sich vorstellen kann! Sie kann gar nicht genug davon bekommen. Und auch Jakob, Hannahs kleiner Bruder, hat großen Spaß. Er sitzt mit nacktem Po und Sonnenhütchen auf dem Kopf im seichten Wasser und schlägt mit den Händen auf die Wasseroberfläche, dass das Wasser nur so spritzt.

»Patsch!«, jauchzt Jakob dann jedes Mal vor Freude.

So vergeht der erste Tag am Meer wie im Flug.

»Oje!«, ruft Mama plötzlich. »Der Strand ist ja schon menschenleer!«

»Halb so wild«, sagt Papa. »Wir haben doch Urlaub. Und den Weg zum Ferienhaus finde ich auch im Dunkeln. Viel lieber würde ich mir noch den Sonnenuntergang angucken.«

»Ja!«, ruft Hannah aufgeregt. »Ich hab noch nie einen Sonnenuntergang gesehen!«

»Jakob auch!«, sagt Jakob und macht ein trotziges Gesicht.

»Da bin ich wohl überstimmt«, sagt Mama. »Aber vorher ziehen wir uns an und packen alles zusammen.«

Sofort kommt Hannah aus dem Meer und sammelt das Strandspielzeug ein. Und auch Jakob kommt mit seinen kleinen Füßchen wie eine Ente aus dem Wasser gewatschelt und lässt sich freiwillig von Mama anziehen. Papa klappt den Sonnenschirm zusammen und presst die Luft aus dem großen Wasserball. Fünf Minuten später sind alle angezogen und die Strandsachen fix und fertig verstaut. Wirklich alles? Nein, Jakobs blauer Lieblingsball ist nicht eingepackt. Den will Jakob nämlich selbst tragen!

Nun sitzen die vier am Strand, umgeben von prall gefüllten Taschen und einem zugeklappten Sonnenschirm, und warten auf den Sonnenuntergang. Lange kann es nicht mehr dauern. Die Sonne steht schon tief am Himmel und sieht aus wie ein riesiger goldener Feuerball, der gleich im Meer versinkt. Und auch Himmel und Meer, die den ganzen Tag über strahlend blau waren, schimmern jetzt golden-orange.

»Ist das schön!«, sagt Hannah und legt ihren Kopf an Papas Schulter.

Nur Jakob kann dem Farbenspiel nichts abgewinnen und fängt an zu quengeln. Da zaubert Mama eine Tüte Gummibärchen aus der Provianttasche und gibt Jakob ein paar in die Hand. Sofort ist er still. So eine Gelegenheit kann Hannah sich natürlich nicht entgehen lassen und nascht aus der Tüte. Da können auch Mama und Papa nicht widerstehen und naschen mit. Zwischendurch hält Hannah immer wieder Daumen und Zeigefinger gegeneinander, um zu sehen, wie viel Abstand noch zwischen Sonne und Meer ist.

»Genau eine Gummibärchengröße!«, stellt sie fest und lässt das Gummibärchen im Mund verschwinden. Beim nächsten Mal passt nur noch ein halbes Gummibärchen zwischen Daumen und Zeigefinger. Und als Hannah noch einmal hinschaut, berührt die Sonne schon das Meer.

Dann taucht sie tiefer und tiefer. Zuerst ist sie noch halb zu sehen, dann ein Stückchen, dann ein klitzekleines Stückchen, und dann ist sie weg!

»Patsch, ins Meer geplumpst!«, ruft Jakob und klatscht vor Freude in die Hände.

Hannah sieht Papa fragend an: »Ist die Sonne wirklich ins Meer geplumpst?«

»Nein«, antwortet Papa und lacht. »Das sieht nur so aus. In Wirklichkeit wandert die Sonne langsam auf die andere Seite der Erde.«

»Auf welche andere Seite?«, fragt Hannah.

»Die Erde ist doch rund, ungefähr so wie ein Ball.« Papa nimmt Jakobs blauen Ball in die Hand.

»Meiner!«, protestiert Jakob auf der Stelle.

»Ja, du bekommst ihn gleich zurück«, sagt Papa.

Jakob beobachtet ganz genau, was Papa mit seinem Ball macht. Er hält ihn hoch in die Luft und sagt: »Das ist jetzt unsere Erde. Sie dreht sich in vierundzwanzig Stunden ein Mal um sich selbst. Von Westen nach Osten.«

Langsam dreht Papa den Ball um sich selbst. Da der Ball aber rundum blau ist, kann man die Bewegung kaum erkennen. Da hat Papa eine Idee. Er greift in die Gummibärchentüte und nimmt die letzten Gummibärchen heraus.

»Glück gehabt! Es sind noch genau vier da!«, sagt Papa. Er feuchtet die glatte Seite mit der Zunge an und klebt die vier Gummibärchen auf den blauen Ball. Jetzt ist Hannah gespannt.

»Das sind wir«, erklärt Papa stolz und zeigt mit dem Finger auf die Gummibärchen. Wieder dreht er den Ball um sich selbst. Zuerst sind

die Gummibärchen vorne. Dann verschwinden sie immer mehr und sind schließlich gar nicht mehr zu sehen.

»Ach so!«, ruft Hannah. »Das ist wie bei meinem Kreisel!«

»Richtig«, sagt Papa. »Und jetzt holen wir noch die Sonne dazu.«

Papa zieht den platten, zerknitterten Wasserball aus der Tasche und pustet ihn noch einmal auf. Mit hochrotem Kopf sagt er: »So, und das ist jetzt unsere Sonne! Die ist nämlich viel größer als die Erde.«

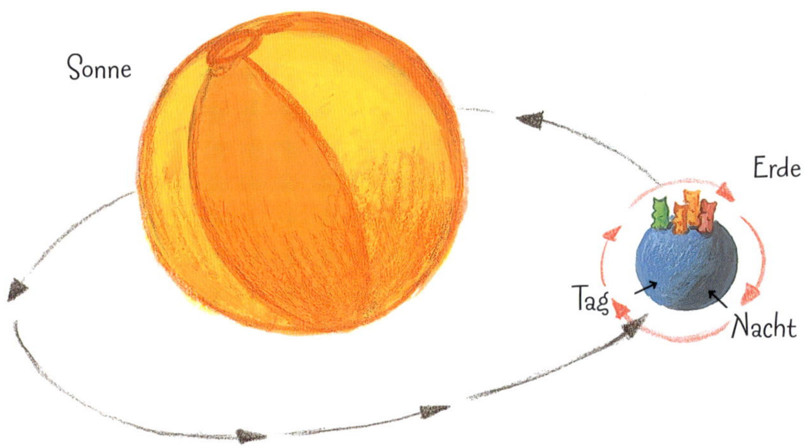

Papa hält Hannah den großen gelben Wasserball entgegen. »Du bist jetzt die Sonne und bleibst einfach da stehen.«

Hannah hat keine Ahnung, was Papa vorhat. Doch kaum hält sie die große Sonne in Händen, wandert Papa mit Jakobs blauem Ball auch schon los. Immer um die Sonne und Hannah herum. Dabei lässt er die Erde sich auch noch um sich selbst drehen.

»Die Erde dreht sich nämlich nicht nur um sich selbst, sondern sie kreist auch um die Sonne.«

»Eine Hälfte der Erde ist immer der Sonne zugewandt und bekommt ihr Licht. Dann haben wir Tag und die andere, von der Sonne abgewandte Seite Nacht.« Und gerade als die Gummibärchen der Sonne zugewandt sind, ruft Hannah: »Jetzt haben wir Tag!«

»Stimmt«, sagt Papa und lässt die Erde sich langsam weiterdrehen.

»Und jetzt haben wir Nacht!«, ruft Hannah.

»Genau«, sagt Mama. »Jetzt haben wir Nacht. Und deshalb gehen wir nun ganz schnell schlafen. Und solange wir schlafen, scheint die Sonne für all die Kinder auf der anderen Seite der Erde.«

»Und morgen früh ist die Sonne wieder für uns da!«, ruft Hannah glücklich.

Jakob interessiert das nicht die Bohne. Er hat die ganze Zeit nur die Gummibärchen im Auge. Plötzlich springt er auf, nimmt Papa den blauen Ball aus der Hand, rennt mit ihm davon und ruft: »Mein Ball!«

Mama, Papa und Hannah sehen sich verdutzt an. Doch bevor irgendeiner etwas unternehmen kann, hat Jakob alle Gummibärchen vom Ball gepflückt und sich in den Mund gestopft. Nun ist auch Jakob glücklich.

Wie kommen die Löcher in den Käse?

»Guten Morgen«, begrüßt Frau Huber die Kinder der Igelklasse. »Guten Morgen, Frau Huber«, rufen Elli und die anderen Kinder und beobachten gespannt, wie Frau Huber etwas aus ihrer großen Tasche holt.

»Höchste Zeit, dass die Igeldetektive mal wieder in Aktion treten, was meint ihr?«, fragt Frau Huber und legt einen rechteckigen Gegenstand auf den Tisch, der in weißes Papier eingewickelt ist.

Neugierig beobachten Elli und die anderen Kinder das geheimnisvolle Etwas. Endlich wieder ein neuer Rätselfall für die Igeldetektive! Was Frau Huber sich diesmal wohl ausgedacht hat?

»Und hier ist euer neuer Fall«, sagt Frau Huber und entfernt das Papier.

»Ein Käse?«, fragt Achmed etwas enttäuscht neben Elli. Der letzte Fall war die Frage »Warum fliegen Flugzeuge?«. Um das Rätsel zu lösen, hatten sie Experten auf dem Flughafen befragt. Sogar in den Tower und in ein richtiges Verkehrsflugzeug durften sie. Ganz schön cool war das.

Und jetzt das: ein Käse!

»Boah, stinkt der!«, stöhnt Bastian und rümpft die Nase. »Und das soll unser neuer Fall sein?«

»Nicht so ganz«, antwortet Frau Huber grinsend. »Es geht zwar um Käse. Aber der eigentliche Igeldetektivfall lautet: Wie kommen da die Löcher rein? Oder besser: Wer macht die Löcher in den Käse?«

Verblüfft starren alle auf die großen Käselöcher.

»Sammeln wir erst mal wieder, was wir bereits wissen«, fordert Frau Huber die Igelklasse auf. »Wie nennen Detektive das noch mal?«

»Die Faktenlage analysieren«, antwortet Elli schnell.

»Richtig«, sagt Frau Huber. »Also, wie ist die Faktenlage? Was wissen wir über Käse?«

Achmed meldet sich. »Käse wird aus Milch gemacht.«

»Sehr gut, Achmed«, sagt Frau Huber. »Und wisst ihr, wo das passiert?«

»Auf dem Bauernhof? Wo die Milch herkommt?«, überlegt Katja laut.

»Gute Idee«, lobt Frau Huber. »Einige Bauern stellen selbst Käse aus ihrer Milch her. Aber nur in kleinen Mengen. Überlegt doch mal, wohin die meiste Milch vom Bauernhof gebracht wird.«

Elli weiß es. »In die Molkerei!«

»Genau«, antwortet Frau Huber und lächelt. »In die Molkerei. Dort wird ein Teil der Milch zu Käse verarbeitet. Jedenfalls in einigen Molkereien. Damit haben wir den Tatort. Denn dort, wo der Käse gemacht wird, müssen ja auch die Löcher reinkommen. Habt ihr schon einen Verdacht?«

»Vielleicht werden die von jemandem hineingebohrt?«, vermutet Annette.

»Oder reingeschossen! Mit einer Maschine!«, schlägt Achmed vor.

»Oder von Mäusen hineingefressen! Die mögen doch Käse, oder?«, sagt Katja.

»Ja, alles denkbar.« Frau Huber schmunzelt. »Dann lasst uns das doch mal überprüfen. Unsere Molkerei hier in der Stadt stellt Käse her, und dort hab ich die Igeldetektive schon angemeldet. In zehn Minuten holt der Bus uns ab.«

Alle freuen sich, dass es wieder losgeht. Rasch verteilt Frau Huber die Detektivausweise, die sie am Anfang des Schuljahrs für die Igeldetektive angefertigt hat.

In der Molkerei wartet Herr Schmidt auf sie. Mit ernstem Gesicht lässt er sich zuerst von allen die Detektivausweise zeigen. Nur von Frau Huber nicht, weil er sie schon zu kennen scheint. Erst danach geht es weiter in einen weiß gekachelten Raum. Auf einem großen Tisch liegen weiße Ganzkörper-Plastikanzüge und weiße Kopfhauben, die die Detektive und Frau Huber anziehen. Zuerst müssen alle lachen, weil sie darin so witzig aussehen. Doch dann kommt Elli die Sache mit den Anzügen plötzlich irgendwie merkwürdig vor.

»Ist das etwa giftig, wenn Käse gemacht wird?«, fragt sie Herrn Schmidt und zeigt dabei auf ihren Anzug.

»Nein, überhaupt nicht«, antwortet Herr Schmidt und lacht. »Der Käse, den wir hier machen, soll ja von Menschen gegessen werden. Mit den Anzügen verhindern wir, dass schädliche Bakterien und Keime von außen reingetragen werden. Auch die Menschen, die hier arbeiten, tragen solche Anzüge. Das seht ihr gleich in der Produktionshalle.«

Herr Schmidt führt die Igeldetektive und Frau Huber in eine große, weiß gekachelte Halle. Und tatsächlich: Hier tragen alle die gleichen komischen Anzüge. Staunend blicken die Igeldetektive sich in dem Gewirr aus Rohrleitungen, seltsamen Geräten und flachen Metallwannen um. Durch ein großes Fenster sehen sie, wie ein Tanklaster mit frischer Milch vorfährt.

»Ah, da kommt neue Milch für die Käsezubereitung«, sagt Herr Schmidt und zeigt auf den Tanklaster. »Die Milch wird zuerst einmal kurz erhitzt, um Bakterien darin unschädlich zu machen.«

Achmed, der diesmal Tatortfotograf ist, macht ein paar Bilder.

»Dann kommt die Milch in eine der Käsewannen«, erklärt Herr Schmidt und weist auf eine große, flache Metallwanne, in die gerade aus einer Rohrleitung Milch strömt. Auch das nimmt Achmed mit der Kamera auf.

»Und dort passiert gleich etwas scheinbar völlig Verrücktes«, fährt Herr Schmidt fort und schaut die Igeldetektive an. »Die Milch wird mit neuen Bakterien versehen!«

»Was? Wieso denn?«, fragt Bastian verblüfft. »Die alten sind doch gerade erst unschädlich gemacht worden!«

»Jetzt sind es aber ganz spezielle Bakterien«, erklärt Herr Schmidt. »Und zwar Milchsäurebakterien. Dazu kommt noch ein Wirkstoff, der Lab heißt. Zusammen sorgen sie dafür, dass die Milch ausflockt und sich feste und flüssige Bestandteile voneinander trennen. Die festen Teile nennt man Käsebruch. Nach einer Zeit wird die Flüssigkeit dann herausgepresst, und fertig ist der Käselaib.«

»Und der hat auch schon Löcher?«, wundert sich Elli.

»Nein, die kommen später rein«, antwortet Herr Schmidt. »Nachdem die Käselaibe noch in einem Salzwasserbad waren, damit sie länger haltbar sind und besser schmecken, müssen sie schließlich in die Reifekammer. Und da gehen wir nun hin.«

Herr Schmidt führt sie in einen Nachbarraum, in dem etliche Käselaibe auf großen Regalen liegen.

»So, Igeldetektive, aufgepasst!«, flüstert Herr Schmidt plötzlich. »Das hier ist der Tatort. Hier kommen die Löcher in den Käse.«

Verwundert blicken sich alle um. Doch bis auf die Käselaibe ist nichts und niemand zu sehen.

»Tja, aber leider sind die Täter so klein, dass sie unsichtbar sind«, erklärt Herr Schmidt wieder mit normaler Stimme. »Es sind die Milchsäurebakterien, von denen ich euch eben erzählt habe. Während der Reifung arbeiten sie im Käse weiter. Dabei entsteht ein Gas, das Kohlendioxid heißt und Blasen in der Käsemasse erzeugt. Und dann kommen ihre Komplizen ins Spiel.«

»Komplizen?«, fragt Frau Hubert verblüfft. Davon hat selbst sie noch nie etwas gehört.

»Genau«, sagt Herr Schmidt und schmunzelt. »Die Milchsäurebakterien haben nämlich Helfer: und zwar winzig kleine Heustaubteilchen.«

»Igitt«, ruft Anne und verzieht das Gesicht. »Wo kommen die denn her?«

»Vom Heu, mit dem die Milchkühe gefüttert werden«, erklärt Herr Schmidt. »Aber keine Sorge, die sind unsichtbar klein und völlig unschädlich. Dafür aber extrem wichtig, um einen Käse mit vielen großen Löchern zu bekommen. Denn ohne sie würden die meisten Kohlendioxidbläschen einfach durch die Käsemasse und die noch weiche Rinde nach draußen entweichen. Der Käse hätte dann fast keine Löcher. So aber bleiben die Bläschen an den Heupartikeln hängen und sammeln sich dort zu immer größeren Gasblasen, den Käselöchern. Das alles haben die Forscher übrigens erst in den letzten Jahren herausgefunden. Tja, damit sind unsere Täter und ihre Komplizen überführt, und ich hoffe, unsere kleine Tatortbesichtigung hat euch Spaß gemacht.«

Die Igeldetektive klatschen, und zum Schluss macht Achmed noch ein tolles Gruppenfoto, auf dem alle zusammen in den witzigen Anzügen vor einem Regal mit Käselaiben stehen. Nachdem sie die Anzüge wieder abgegeben haben, verabschieden sie sich von Herrn Schmidt und steigen ein wenig müde, aber zufrieden in den Bus. Nur Achmed ist ein wenig enttäuscht. Zu gerne hätte er am Ende einen richtigen Täter fotografiert. Einen, den man wirklich sehen kann. Eine Maus vielleicht, die gerade Löcher in den Käse nagt. Oder einen coolen Roboter, der mit Laserstrahlen Löcher in den Käse brennt. Igeldetektiv zu sein ist zwar toll, aber manchmal kann man eben nicht alles haben. Und mit einem unsichtbaren Täter hat man es auch nicht alle Tage zu tun!

Wie kommen die Bilder in den Fernseher?

»Ach du meine Güte. Ich werd noch verrückt. Das halten meine Nerven nicht aus«, schimpft Papa. »Sieh dir das an, Lukas. Die spielen ja wie die Blinden.«

Mit hochrotem Kopf sitzt Papa vorn auf der Sesselkante und zeigt aufgeregt auf den Fernsehschirm, wo gerade ein Fußballspiel seiner Lieblingsmannschaft zu sehen ist.

»Da … da … was ist das denn für eine miese Kameraführung … oh nein … diese Trottel lassen den durch … die lassen den durch … die lassen den … nein … nein …« Entsetzt starrt Papa mit offenem Mund auf den Fernseher und will noch etwas sagen, doch in diesem Moment ist der Ball auch schon im Tor seiner Mannschaft gelandet.

»Null zu drei! Warum guck ich mir das nur an?«, stöhnt Papa.

Genau das kann Lukas auch nicht verstehen. Warum muss Papa eigentlich immer Fußball gucken, wenn er sich meistens sowieso nur darüber ärgert? Entweder weil seine Lieblingsmannschaft mal wieder verliert oder weil ein Bildausschnitt nicht so ist, wie er sich das vorstellt. Als Experte ist Lukas' Papa da besonders empfindlich. Er ist nämlich Kameramann beim Fernsehen.

»Dann lass uns doch lieber etwas spielen«, schlägt Lukas vor. »Mama macht bestimmt auch mit.«

»Hm«, brummt Papa. »Vielleicht schaffen sie ja gleich den Anschlusstreffer. Geh doch solange in den Garten. Du wolltest doch noch die Bretter für das neue Baumhaus streichen.«

»Mensch, Papa. Kriegst du denn gar nichts mit?«, sagt Lukas und zeigt nur aus dem Fenster in den Garten, wo gerade ein heftiger Gewitterregen runtergeht.

Papa guckt nach draußen. »Donnerwetter, da geht ja die Welt unter. Dann geh doch …« Aber Lukas erfährt nicht mehr, wohin er gehen soll. Denn als Papas Blick wieder zurück zum Fernseher gleitet, verschlägt es ihm erst mal die Sprache.

»So ein Mist! Sendeausfall!«, sagt er schließlich.

Gespannt blickt Lukas auf den Bildschirm. Da ist jetzt nur noch ein Schriftzug zu sehen. »Kein Signal oder mangelhafte Empfangsqualität. Bitte Antennenanschluss und -ausrichtung prüfen«, steht da. Hektisch drückt Papa auf der Fernbedienung herum. Aber auf den anderen Programmen erscheint die gleiche Meldung.

»Was bedeutet das?«, fragt Lukas verwirrt. »Stimmt was mit unserer Antenne nicht?«

»Glaub ich nicht«, antwortet Papa und geht zur Zimmerantenne, die neben dem Fernseher im Regal steht. Stirnrunzelnd macht er sich an der Antenne zu schaffen und überprüft auch die Kabelverbindung zum Fernseher.

»Tja, da ist alles in Ordnung«, murmelt Papa. »Die Antenne hat Strom, und die Kabelverbindung ist auch in Ordnung. Aber anscheinend kommen die Bilder gar nicht erst hier an.«

»Wie kommen die denn normalerweise in den Fernseher?«, fragt Lukas, der sich überhaupt nicht vorstellen kann, wie die Bilder einfach so durch die Luft zur Antenne geflogen kommen.

»Ach, das ist nicht so einfach«, winkt Papa ab. »Das erklär ich dir später mal, wenn ich Zeit habe.«

»Du hast doch jetzt Zeit. Das Spiel kannst du im Moment sowieso nicht gucken«, stellt Lukas fest.

»Eins zu null für dich«, sagt Papa und lächelt. »Wo du recht hast, hast du recht. Na, dann lass mich mal überlegen, wie ich anfange … Das Ganze beginnt im Grunde mit meinem Job, nämlich damit, dass Kameraleute wie ich mit der Fernsehkamera zunächst Serien von einzelnen Bilder aufnehmen.«

»Einzelne Bilder?«, wundert sich Lukas. »Aber im Fernsehen sieht man doch Filme, und die Menschen und Sachen bewegen sich.«

»Richtig«, antwortet Papa. »Trotzdem nimmt die Kamera aber immer nur Einzelbilder auf. Und zwar fünfundzwanzig Stück in der Sekunde. Das ist aber so schnell, dass unsere Augen keine einzelnen Bilder mehr sehen, sondern einen Film.«

»Cooler Trick«, staunt Lukas. »Aber wie geht es mit den Bildern denn nun weiter? Wohin werden die geschickt, wenn sie in der Kamera sind?«

»Nicht so schnell!«, sagt Papa. »Vor dem Weiterschicken müssen wir erst noch ein Problem lösen, denn wir wollen ja bunte Bilder aufnehmen. Wir Menschen können Tausende von unterschiedlichsten Farben sehen. Das Tolle aber ist, dass sich all diese Farben aus nur drei Lichtfarben zusammenmischen lassen, nämlich aus den Farben Rot, Blau und Grün. Will man ein buntes Bild aufnehmen, wird es deswegen in der Kamera erst mal in diese drei Farben zerlegt. Das geschieht mit drei Scheiben, die jeweils nur das rote, grüne und blaue Licht des Bildmotivs durchlassen. Danach hat man ein rotes, ein grünes und ein blaues Bild vom Motiv.«

»Na gut, die einzelnen Bilder werden also erst mal verdreifacht«, sagt Lukas. »Aber dann geht die Reise doch endlich mal los, oder?«

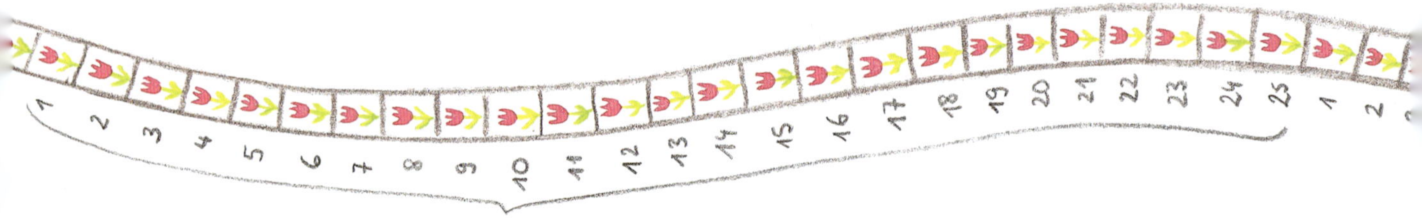

»Noch nicht ganz«, erwidert Papa. »Erst muss das Licht des blauen, grünen und roten Bildes noch in Strom umgewandelt werden. Dafür sorgt eine Platte, die hinter jeder Scheibe angebracht ist. Trifft beispielsweise das Licht des blauen Bildes auf die Platte dahinter, fließt Strom. Wenn aber kein Licht auf die Platte trifft, fließt kein Strom. Auf diese Weise werden die Bilder in elektrische Signale oder Videosignale, wie man sie auch nennt, umgewandelt. Sie enthalten Informationen darüber, wie hell ein Bild ist und welche Farbe es hat. Das nennt man Bildinformation.«

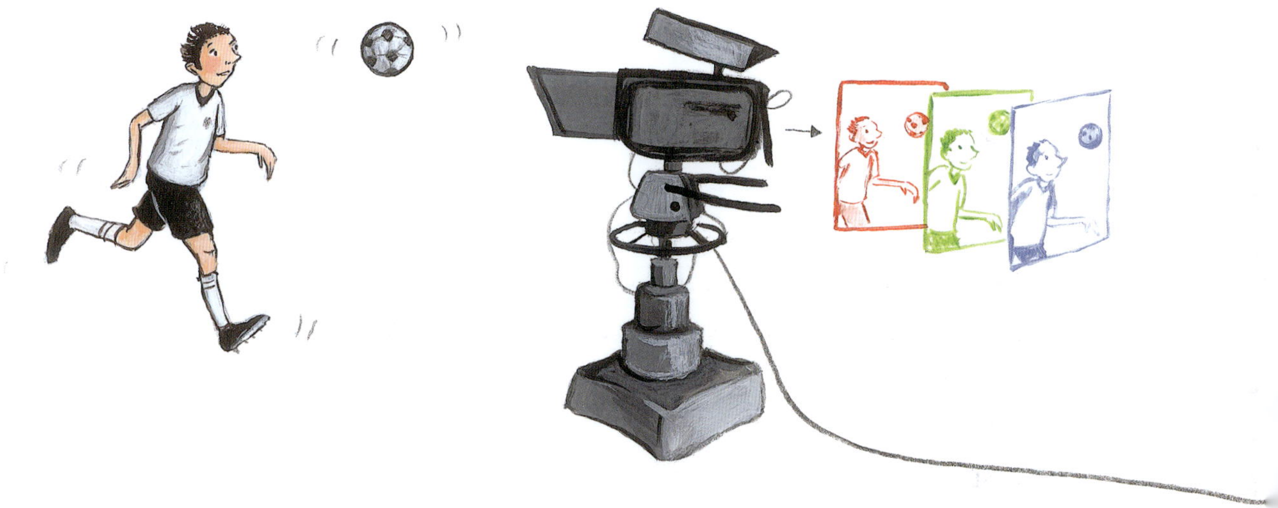

»Aber was ist mit dem Ton?«, fragt Lukas stirnrunzelnd. »Ich will doch auch hören, was im Fernsehen gesagt wird.«

Papa nickt. »Stimmt. Deswegen enthält das Videosignal nicht nur eine Bild-, sondern auch eine Toninformation. Die wird über ein Mikrofon aufgenommen. Das kann Schallwellen in elektrische Signale umwandeln.«

»Puh!«, stöhnt Lukas. »Aber das war's jetzt auch wirklich, oder?«

»Keine Bange«, antwortet Papa. »Jetzt machen sich die Videosignale auf den Weg zu den Zuschauern nach Hause. Das kann auf zwei Wegen passieren. Über eine Kabelverbindung oder über die Luft.«

»Über die Luft?«, fragt Lukas. Wie das gehen soll, interessiert ihn besonders. »Die Videosignale fliegen doch nicht einfach so durch die Luft davon.«

»Dafür brauchen sie erst mal einen Fernsehturm«, erklärt Papa. »Der hat eine große Antenne obendrauf, und die erzeugt eine ganz bestimmte Art von Wellen. Die können sich in der Luft ausbreiten und bis zu uns nach Hause kommen. Sie heißen elektromagnetische Wellen, und mit unserer Zimmerantenne hier können wir sie einfangen.«

»Ja, aber was hat das mit dem Videosignal zu tun?«, fragt Lukas.

»Da kommt wieder ein toller Trick ins Spiel«, antwortet Papa. »Die elektromagnetischen Wellen dienen nämlich als Transporter für die Videosignale. Die werden sozusagen auf die Wellen draufgesetzt wie ein Boot, das auf einer Wasserwelle wegtreibt. So kommt es dann auf der elektromagnetischen Welle bei uns zu Hause an, wo es von unserer Antenne aufgefangen wird und über ein Kabel in den Fernseher gelangt.«

»Ganz schön raffiniert«, staunt Lukas. »Und wie funktioniert die Reise mit dem Kabel?«

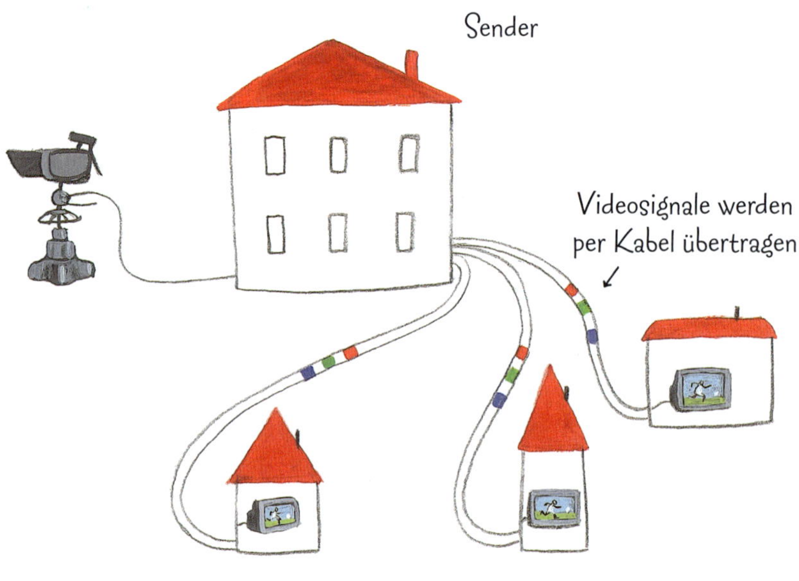

»Die ist etwas einfacher«, erklärt Papa. »Die Videosignale des ersten Kabels, das aus der Kamera kommt, werden im Sendergebäude auf ganz viele andere Kabelleitungen verteilt. Die führen dann unterirdisch weiter zu den einzelnen Leuten nach Hause. Dort kommt schließlich die Leitung mit den Videosignalen aus der Wand, und von da gelangen sie mit einem Fernsehkabel in den Fernseher. Der verwandelt die elektrischen Videosignale dann wieder zurück in Bilder. Die Bildschirminnenseite ist nämlich mit Farbpunkten beschichtet, die zum Aufleuchten gebracht werden. Und zwar mit roten, blauen und grünen Punkten. Du weißt doch, das sind die drei Grundfarben, aus denen sich alle anderen Farben mischen lassen.«

Lucas nickt. So schrecklich kompliziert hört sich das eigentlich gar nicht an. Aber eine Sache würde er doch zu gerne noch wissen.

»Was meinst du, warum die Videosignale im Moment nicht bei uns ankommen?«, fragt er Papa.

Lukas' Vater überlegt. »Hm, vielleicht ist der Blitz im Fernsehturm eingeschlagen und hat eine Antenne beschädigt, sodass keine elektromagnetischen Wellen erzeugt werden können, die die Signale zu uns bringen. Oder aber ...«

Papa unterbricht sich und guckt überrascht auf den Fernseher, wo plötzlich wieder das Fußballspiel zu sehen ist. »Es geht wieder!«, ruft er freudestrahlend. Doch schon im nächsten Moment guckt er ganz enttäuscht. »Oh nein«, murmelt er. »Schon null zu fünf!« Dann schaltet er plötzlich mit der Fernbedienung den Fernseher aus und lächelt Lukas an.

»Weiß du was?«, sagt Papa. »Ich weiß eigentlich gar nicht, warum ich mir das blöde Spiel angucke. Wie wär's, wenn wir lieber zusammen mit Mama was spielen?«

»Prima Idee!«, strahlt Lukas, und dann wird es für alle noch ein richtig lustiger Nachmittag – auch ohne Fernseher.

Warum können manche Fische ertrinken?

»Mensch, pass doch auf, Philipp!«, ruft Leonie erschrocken. »Wenn der Beutel nun geplatzt wäre! Die vielen Neonfische kriegen wir nie schnell genug ins Wasser. So klein und zappelig, wie die sind.«

»Mist!«, schimpft Philipp, dem der nasse Beutel aus der Hand gerutscht ist. Schnell hebt er den zugeknoteten und mit Wasser und Luft prall gefüllten Plastikbeutel auf und betrachtet ihn ängstlich. Die schönen rot-blau gestreiften Neonfische flitzen zwar aufgebracht hin und her, aber es scheint alles in Ordnung zu sein.

»Puh, da haben wir ja noch mal Glück gehabt«, sagt er erleichtert und legt den Beutel zu den anderen, die schon im Aquarium schwimmen. Philipp und Leonie können es kaum erwarten, die Fische endlich rauszulassen. Sie sind sehr gespannt, wie den Fischen die coolen Steinhöhlen gefallen werden, die sie gebaut haben. Aber erst einmal heißt es eine ganze halbe Stunde warten, bis das Wasser in den Beuteln die gleiche

Neonfische

Temperatur hat wie das Aquariumwasser. Leonie und Philipp finden das ganz schön lange. Aber Mama hatte schließlich früher selbst mal ein Aquarium und ließ sich als Expertin natürlich nicht überreden. Nicht mal von Papa.

Doch jetzt ist es zum Glück bald so weit. Eine ganze Weile gucken Leonie und Philipp fasziniert in die Unterwasserlandschaft und beobachten gespannt die Fische. Die schwimmen munter in ihren Plastikbeuteln umher und stupsen dabei immer wieder gegen die Beutelwände. Wie es aussieht, warten sie ebenso wie Leonie und Philipp ungeduldig darauf, ihre neue Umgebung zu erkunden.

»Na, alles in Ordnung?«, hören sie plötzlich Papas Stimme hinter sich.

»Alles klar«, antwortet Leonie und zeigt stolz auf die im Wasser treibenden Beutel.

»Aber den Neons wäre fast was passiert«, fügt Philipp aufgeregt hinzu und erzählt von dem Beinaheunfall. »Wär das eigentlich ganz schlimm für die Fische gewesen, Papa?«

»Na ja, nicht, wenn sie gleich wieder ins Wasser zurückgekommen wären. Aber viel Zeit, um sie zu retten, hätten wir nicht gehabt«, erklärt Papa. »Genau wie wir brauchen Fische Sauerstoff zum Leben. Sauerstoff ist in der Luft enthalten, die wir über unsere Lunge einatmen. Aber er ist auch im Wasser, dem Lebensraum der Fische. Den Sauerstoff nehmen sie über ihre Kiemen auf. An Land aber funktionieren die Kiemen nicht. Und ohne Sauerstoff würden Fische deswegen dort ziemlich schnell ersticken. Während Menschen nur an Land atmen können, können Fische nur unter Wasser atmen.«

»Dann können Fische also auch nicht ertrinken, oder?«, sagt Leonie. »Denn sie können ja im Wasser atmen.«

»Hm, interessante Frage«, antwortet Papa verblüfft und runzelt nachdenklich die Stirn. »Um ehrlich zu sein, hab ich noch nie darüber nachgedacht. Aber lasst uns doch mal überlegen … Vom Ertrinken spricht man ja eigentlich nur, wenn Menschen oder Tiere im Wasser umkommen. Zum Beispiel, weil sie nicht schwimmen können und dann untergehen. Unter Wasser halten sie zuerst die Luft an, aber irgendwann geht das nicht mehr, und sie müssen einatmen. Dabei dringt dann Wasser in die Lunge. Hm, aber Fische …«

»… haben keine Lungen, mit denen sie Wasser einatmen könnten. Sie haben Kiemen«, vollendet Philipp den Satz. »Und deswegen können sie auch nicht ertrinken, oder?«

»Doch, können sie«, hören sie da plötzlich eine Stimme hinter sich.

Überrascht drehen sie sich um. Vor ihnen steht Mama und schaut sie grinsend an. »Eigentlich habt ihr recht, aber einige Fischarten können wirklich ertrinken. Zum Beispiel die schönen Mosaikfische, die ihr euch ausgesucht habt. Lasst mal sehen, wo …« Verdutzt hält Mama inne und starrt auf die Beutel im Aquarium. Dann schaut sie Papa fragend an, der plötzlich ganz blass wird. »Oh nein!«, ruft Papa und schlägt sich mit der Hand gegen die Stirn

»Was ist denn, Papa?«, fragt Leonie.

Doch Papa antwortet nicht, sondern flitzt wie der Blitz aus dem Zimmer. Und dann hören sie nur noch, wie die Wohnungstür aufgerissen wird und Papa die Treppe hinunterstürmt.

Zehn Minuten später steht Papa mit dem fehlenden Beutel in der Hand wieder vor ihnen. »Ich Idiot!«, schimpft Papa. »Der Beutel mit den Mosaikfischen ging nicht mehr in die große Tüte. Deswegen hat ihn der Zoohändler in eine kleine Tüte gesteckt. Und die hab ich im Kofferraum vergessen.« Rasch legt Papa den Beutel ins Aquarium.

»Oje«, meint Mama. »Draußen sind es minus zehn Grad! Hoffentlich ist es nicht zu spät.«

Die Mosaikfische treiben fast reglos im Beutel. Ganz blass sind sie außerdem, und dabei haben sie in der Zoohandlung noch in den tollsten Farben geleuchtet.

Mama lässt nun die anderen Fische aus den Beuteln. Doch Leonie und Philipp starren nur ängstlich auf die armen Mosaikfische.

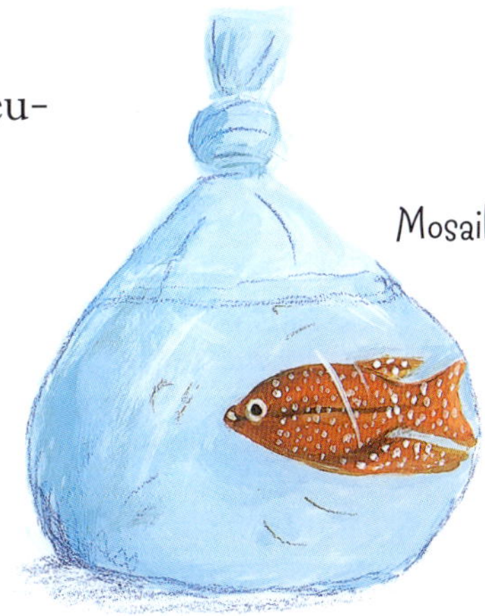

Mosaikfisch

Die nächsten Minuten vergehen schrecklich langsam. Aber allmählich werden die Mosaikfische wieder munterer, und auch ihre Farben leuchten kräftiger.

»Glück gehabt«, sagt Mama und seufzt. »Bald können sie aus dem Beutel raus zu den anderen.«

»Kann ihnen echt nichts mehr passieren?«, fragt Philipp misstrauisch. »Guck mal, wie komisch die mit dem Maul an der Wasseroberfläche nach Luft schnappen!«

»Mama! Die ertrinken bestimmt«, ruft Leonie aufgeregt. »Du hast doch gesagt, dass sie ertrinken können!«

»Keine Bange«, beruhigt Mama sie. »Für Mosaikfische ist das Luftschnappen normal. Schließlich gehören sie zu den Labyrinthfischen.«

»Labyrinthfische?«, fragt Philipp verblüfft.

»Ja, Labyrinthfische«, bestätigt Mama und lächelt. »Labyrinthfische, wie zum Beispiel unsere Mosaikfische hier, leben in ihrer Heimat in Tümpeln, in denen nur sehr wenig Sauerstoff ist. Mit den Kiemen allein würden sie dort zu wenig Sauerstoff bekommen. Deswegen haben sie ein zusätzliches Atemorgan entwickelt, das so ähnlich wie unsere Lunge funktioniert. Damit können sie Luft atmen. Dieses Atmungsorgan wird wegen seines Aussehens Labyrinth genannt.«

»Und die können ertrinken?«, fragt Leonie immer noch ein wenig besorgt.

»Ja, aber nur, wenn das Wasser ganz wenig Sauerstoff hat und wenn sie dann nicht zum Luftschnappen an die Wasseroberfläche kommen können. Zum Beispiel, weil zwischen Wasser und Aquariumdeckel kein Luftspalt mehr ist. Aber da besteht hier keine Gefahr.«

»Mensch, Papa«, seufzt Leonie erleichtert. »Da hast du uns ja einen ganz schönen Schrecken eingejagt.«

»Aber echt«, stimmt Philipp zu.

»Soll nicht wieder vorkommen!«, sagt Papa und grinst. »Aber ich mach's wieder gut. Ich lade euch alle zur großen Aquarium-Einweihungsparty in unsere Lieblingspizzeria ein. Wie wär's?«

Begeistert stimmen alle zu, und nachdem die Mosaikfische endlich sicher im Becken gelandet sind, machen sich Mama, Papa, Leonie und Philipp zusammen auf, um bei Pizza und Eis ordentlich zu feiern.

Warum ist der Himmel blau?

»Was ist das denn, Fanny?« Niclas lacht und zeigt auf eines der Bilder, die Herr Bender gerade im Klassenzimmer aufgehängt hat. Im ersten Kunstunterricht nach den Sommerferien haben Niclas und seine Klassenkameraden heute Bilder aus ihren Ferien gemalt: Bilder von Bergen und Wiesen, gähnenden Löwen im Zoo, von Palmen und von Meeresstränden. Auch Niclas' Freundin Fanny hat ein Strandbild gemalt. Aber ein echt komisches, findet Niclas. Der tiefgelbe Sand, das blaue Meer und die orangefarbene Sonne sehen zwar toll aus, aber der Himmel! Hellgelb ist der! »So ein Quatsch!«, meint Niclas. »Der Himmel muss doch blau sein.«

»Kein Quatsch«, antwortet Fanny und wird wütend, als die ersten Kinder zu kichern anfangen. »Mit dem blauen Meer sieht ein gelber Himmel viel schöner aus. Und außerdem darf man in Bildern alles so malen, wie man will«, fügt sie trotzig hinzu.

»Fanny hat völlig recht«, schaltet sich nun Herr Bender ein. »Eure Bilder sollt ihr so malen, wie es euch gefällt. Übrigens ist es auch gar nicht so selbstverständlich, dass der Himmel blau ist.«

»Wieso das denn?«, protestiert Niclas. »Der

Himmel ist doch immer blau. Oder höchstens mal rot. Zum Beispiel morgens oder abends.«

»Okay«, antwortet Herr Bender und lächelt. »Warum ist dann der Himmel blau, wo die Sonne doch weiß vom Himmel scheint?«

Verblüfft starren alle Herrn Bender an. Ratlos blicken sie sich an. Doch niemand weiß die Antwort.

»Macht euch nichts draus, wenn ihr es nicht wisst«, tröstet Herr Bender sie. »Darüber haben sich die Forscher über zweitausend Jahre lang den Kopf zerbrochen. Und erst vor ungefähr hundertzwanzig Jahren ist dann einer auf die richtige Lösung gekommen.«

»Über zweitausend Jahre!«, staunt Fanny. »Muss das aber kompliziert sein!«

»Nachdem das Rätsel gelöst war, war es gar nicht mehr so schwer zu verstehen«, antwortet Herr Bender. »Aber am besten erklärt euch das einer der Forscher selbst.«

»Was? Von denen kann doch niemand mehr leben«, wundert sich Fanny.

»Na ja. Sagen wir mal, sie leben in der Vergangenheit.« Herr Bender zwinkert ihr zu. »Aber mit einer Zeitmaschine kann ich sie zu uns holen.«

»Eine Zeitma…« Vor Überraschung bleibt Niclas das Wort im Mund stecken, und plötzlich wird es mucksmäuschenstill in der Klasse. Gespannt schauen sie ihren Lehrer an.

»Morgen um neun Uhr im Aufführungsraum«, sagt Herr Bender schließlich mit geheimnisvoller Stimme. »Da lernt ihr einen von ihnen kennen.«

Um neun Uhr am nächsten Morgen sitzen alle schon gespannt im Aufführungsraum. Doch von Herrn Bender ist nichts zu sehen. Vorne vor dem Vorhang sind eine Tafel und ein Tisch aufgebaut worden. Oben rechts an der Tafel hängt ein Weltraumfoto von der Erde, und auf dem Tisch liegen farbige Kreidestücke und ein paar kleine Steinchen neben einer Schüssel mit Wasser. In die Mitte der Schüssel hat jemand einen großen, runden Stein gelegt. Das Wasser ist so hoch, dass nur der obere Teil des Steins aus dem Wasser herausguckt. Was soll das bloß mit einem blauen Himmel zu tun haben? Und wo sind der Forscher und Herr Bender?

Plötzlich tritt ein seltsamer Mann hinter dem Vorhang hervor. Einen ulkigen melonenförmigen Hut hat er auf, und unter seiner altmodischen knielangen Jacke gucken ein weißer Hemdkragen und eine Art Krawatte heraus.

»Guten Morgen, Ladys und Gentlemen«, begrüßt der Mann sie.

Erst mal müssen alle kichern. »Sie sehen ja komisch aus, Herr Bender!«, ruft Fanny.

»Aber nein. Ihr verwechselt mich. Herr Bender hat mich zwar hierhergeholt, aber ich bin Mister Rayleigh, meines Zeichens Physiker«, antwortet der Mann. »Und meine Kleidung entspricht der neuesten englischen Mode. Jedenfalls der vor über hundert Jahren. Aber wie war doch gleich unser Thema heute?«

»Warum ist der Himmel blau?«, ruft Niclas.

»Ja, richtig«, freut sich Herr Rayleigh. »Also, fangen wir einfach mit einem Blick in den Himmel an. Bei Nacht ist er schwarz und bei Sonnenschein am Tag blau. Für einen blauen Himmel braucht man also was?«

»Sonnenlicht!«, ruft jemand aus der Klasse.

»Genau, junger Mann«, sagt Herr Rayleigh und strahlt. »Aber das ist noch nicht alles. Gucken wir uns das Weltraumfoto dort an. Trotz des Sonnenlichts ist der Weltraum schwarz. Aber um die Erde herum ist ein schmaler blauer Ring. Das ist die Luft, die die Erde umgibt. Daraus folgt, dass der Himmel nicht nur Sonnenlicht, sondern auch Luft braucht, um blau zu sein. Weiß übrigens jemand, woraus Luft besteht?«

»Luft? Aus nichts natürlich«, antwortet Niclas erstaunt.

»Na ja. Luft ist zwar durchsichtig, und man kann sie nicht anfassen, aber trotzdem besteht sie aus vielen winzigen Teilchen«, antwortet Herr Rayleigh. »Und auf diese Teilchen prallen die Lichtwellen der Sonne und …«

»Lichtwellen? Sie meinen doch die Strahlen der Sonne, oder?«, fragt Fanny irritiert.

»Nein, ich meine tatsächlich Wellen. Denn die Forscher stellen sich das Licht auch als Welle vor, und nach dieser Vorstellung sendet die Sonne Lichtwellen aus. Die Lichtwellen sind übrigens eigentlich nicht weiß, sondern setzen sich aus vielen Farben zusammen: aus Rot, Orange, Gelb, Grün, Blau und Violett. Wenn ein Regenbogen entsteht, kann man diese Farben zum Beispiel sehen. Und jede Farbe hat eine unterschiedliche Wellenlänge und …«

»Wellenlänge? Was heißt denn das nun wieder?«, stöhnt Niclas.

»Keine Bange. Das ist nicht schwer«, antwortet Herr Rayleigh und geht zur Tafel. »Rotes Licht zum Beispiel ist langwellig«, erklärt er und malt mit roter Kreide eine Wellenlinie mit langen, breiten Abständen zwischen den einzelnen Wellenspitzen. Dann nimmt er blaue Kreide und zeichnet eine Welle mit kurzen Abständen zwischen den Spitzen. »Und blaues Licht ist kurzwellig.«

»Ach so. Das ist ja leicht«, freut sich Niclas. Doch gleich darauf runzelt er nachdenklich die Stirn. »Aber was passiert denn nun, wenn die Lichtwellen mit den Luftteilchen zusammenstoßen?«

Wellenlänge des Lichts

»Genau das ist die entscheidende Frage!«, ruft Herr Rayleigh begeistert. »Und durch die Lösung konnte ich endlich erklären, warum der Himmel blau ist. Kommt mal nach vorne. Ich zeige euch ein Experiment.«

Als alle im Halbkreis vor dem Tisch stehen, hält er ein kleines Steinchen in der Hand und beginnt mit seiner Erklärung. »Stoßen die Lichtwellen mit einem Luftteilchen zusammen, prallen sie von ihm ab und zerstreuen sich in alle Richtungen. Dieses gestreute Licht fällt dann in unser Auge. Allerdings werden die einzelnen Farben unterschiedlich stark gestreut. Fangen wir mit dem blauen Licht an. Der große Stein hier im Wasser ist übrigens unser Luftteilchen.«

Herr Rayleigh lässt das kleine Steinchen aus der Hand ins Wasser plumpsen, und es entstehen viele Wellen. »Das ist unser kurzwelliges blaues Licht«, erklärt er und zeigt auf die kleinen Wellen. »Ihr seht, wie sie vom Luftteilchen abprallen und in alle Richtungen zerstreut werden. Und jetzt das Ganze mit dem roten Licht.« Er schiebt einen Jackenärmel hoch, wartet ein wenig, bis das Wasser wieder ruhig ist, und drückt mit der flachen Hand kräftig ins Wasser. »Wie beim roten langwelligen Licht sind hier die Wellen größer. Sie schwappen einfach über den Stein weg und werden so gut wie nicht zerstreut. Das blaue kurzwellige Licht wird somit viel häufiger gestreut als das rote. Übrigens zehn Mal so oft, wie ich errechnet habe«, fügt er stolz hinzu. »Und weil damit dann auch zehn Mal so viel blaues Licht auf unser Auge trifft, ist der Himmel für uns blau!«

»Hm, gar nicht übel, die Erklärung«, murmelt Fanny nachdenklich.

»Gar nicht übel?«, ruft Herr Rayleigh. »Sie ist genial. Nach über zweitausend Jahren hatte ich damit das Problem endlich gelöst!«

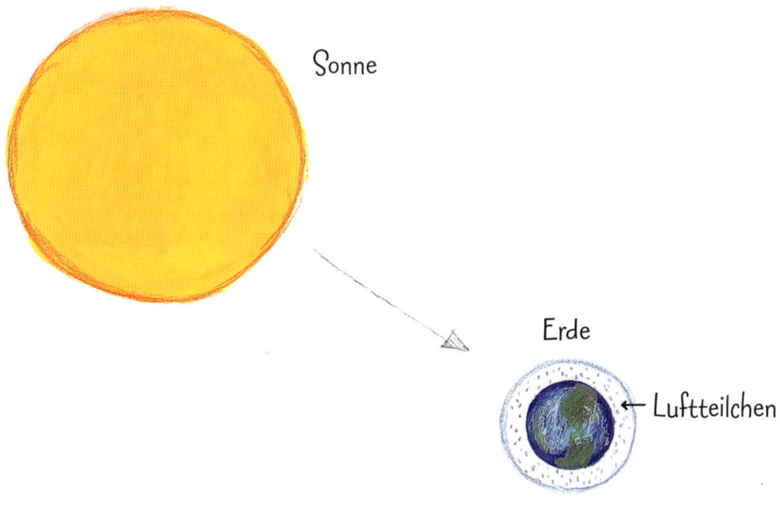

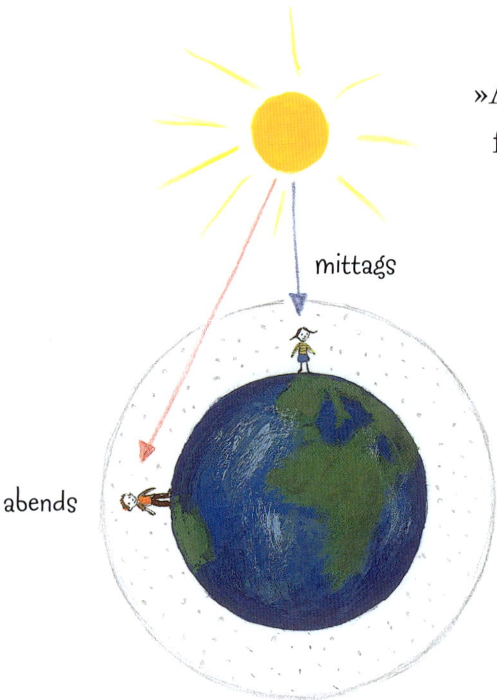

»Aber was ist mit dem Morgen- und Abendrot?«, fragt Fanny skeptisch.

»Ach, das ist eine Kleinigkeit«, antwortet Herr Rayleigh. »In der Tagesmitte, wenn der Himmel blau ist, steht die Sonne senkrecht über uns. Das Licht muss dann einen viel kürzeren Weg durch die Luft zurücklegen als am Abend, wenn sie tief am Horizont scheint. Je länger aber abends nun der Weg ist, desto öfter prallen die Lichtwellen auf Luftteilchen. Auf der langen Strecke stößt das blaue Licht dabei so häufig auf Luftteilchen, dass es fast ganz seitwärts herausgestreut wird, ehe es unser Auge erreicht. Da das langwellige rote Licht aber viel weniger gestreut wird, kommt es weiter als das blaue und trifft auf unser Auge.« Herr Rayleigh will noch etwas sagen, aber dann fällt sein Blick auf die große Wanduhr im Aufführungsraum. »Meine Güte, ich hätte längst bei Sir Isaac Newton beim Morgentee sein sollen. Na ja, die Zeitmaschine holt das wieder auf. Also dann, Ladys und Gentlemen. Es war mir ein Vergnügen!«

»Das war super, Herr Bender!«, ruft Niclas begeistert, als Herr Rayleigh hinter dem Vorhang verschwinden will. »Machen wir so was noch mal?«

Der Forscher dreht sich um und steht nachdenklich da. »Wer weiß?«, sagt er schließlich. »Aber das müsst ihr Herrn Bender schon selbst fragen.« Dann zwinkert er kurz und ist auch schon hinter dem Vorhang verschwunden.

Warum vergisst man manchmal Träume?

»Komm schon, Tom«, drängelt Mama. »Lass uns endlich weitergehen. Den Löwen ist es heute bestimmt viel zu kalt. Und Felix langweilt sich schon.«

Aufgeregt beobachtet Tom durch die Glaswand auf der brusthohen Absperrung das große Löwengehege im Zoo. Das macht er nun schon über zehn Minuten lang. Aber in dem Gewirr aus Felsen, dichten Büschen und alten, umgefallenen Baumstämmen hat sich bisher nicht ein einziger Löwe blicken lassen. Dabei hat Tom sich so darauf gefreut, und jetzt fängt sein kleiner Bruder Felix auch noch an zu schreien.

»To-hom!«, mahnt Mama nun schon deutlich lauter.

»Och, Mensch, Mama. Nur noch zehn Minuten. Bitte!«, bettelt Tom. »So kalt ist es gar nicht. Die kommen bestimmt gleich raus. Du kannst doch schon mal mit Felix zu den Pinguinen fahren. Die mag er doch so. Stimmt's, Felix?«

»Pingi! Pingi!«, ruft Felix begeistert. Aufgeregt wackelt er in seiner Karre herum und strahlt wieder übers ganze Gesicht.

»Na schön.« Mama seufzt. »Dann gehen wir schon mal vor. Aber in zehn Minuten kommst du nach! Versprochen?«

»Versprochen, Mama«, antwortet Tom erleichtert und starrt über die Absperrung hinweg wieder ins Gehege. Irgendwann müssen die sich doch mal zeigen. Verflixt noch mal! Fünf Minuten sind schon vorbei! Tom will gerade aufgeben und zum Pinguingehege gehen, als ihm plötzlich etwas einfällt. Es gibt einen Bereich im Löwengehege, den Tom von der Absperrung aus nicht sehen kann. Wenn sich die Löwen nun dort versteckt halten? Ein paar Meter neben Tom steht eine Bank. Wenn er da hinaufsteigt, kann er auf die Kante der Absperrung klettern. Von dort hat er bestimmt eine prima Sicht, und viel passieren kann eigentlich auch nicht. Die Glasscheibe sieht ziemlich dick und stabil aus, und selbst wenn er das Gleichgewicht verliert und nach vorne fällt, wird sie bestimmt nicht brechen. Tom guckt noch einmal auf die Uhr. Mist, nur noch vier Minuten! Nachdem er sich noch einmal umgeguckt hat, um sicherzugehen, dass ihn auch niemand sieht, steigt er auf die Bank und klettert von dort aus auf die Absperrung. Tatsächlich! Von dort oben kann er fast das ganze Gehege überblicken. Aber eben nur fast. In einen schmalen Streifen direkt unter ihm kann er immer noch nicht gucken. Vorsichtig beugt er sich nach vorne über die Kante und streckt den Arm aus, um sich an der Glasscheibe abzustützen. Doch seine Hand stößt einfach durch die Luft ins Leere, als wäre nie eine Scheibe da gewesen. Ehe Tom sich darüber wundern kann, fällt er auch schon nach vorne in das Gehege. Er rudert wild mit Armen und Beinen und fällt in die Tiefe. Er fällt und fällt und fällt.

Komisch, denkt er. Wieso falle ich so langsam?

Als er sich dem Boden nähert, fällt er sogar noch langsamer, bis er schließlich sanft mit beiden Füßen auf dem weichen Sand landet. Tom sieht sich um. Das Gehege ist riesengroß. Die Begrenzungsmauern scheinen verschwunden zu sein. Vor ihm sind jede Menge Felsen und dichtes Buschwerk. Tom geht ein paar Schritte, doch schon nach kurzer Zeit hat er sich im Gewirr von Felsen und Büschen verirrt. Nun weiß er nicht mehr, in welche Richtung er gehen soll.

Na, wenigstens sind keine Löwen zu sehen, denkt Tom gerade, als aus einem Gebüsch vor ihm plötzlich ein furchtbares Gebrüll ertönt. Wie erstarrt bleibt Tom stehen und beobachtet entsetzt, wie ein riesiger Löwe langsam aus dem Versteck kommt. Wütend funkelt er Tom aus großen Augen an und reißt unter donnerndem Gebrüll das mit scharfen Zähnen bestückte Maul auf. Tom will wegrennen, aber es geht nicht. Und dann kommt der Löwe auch schon mit weit aufgerissenem Maul direkt auf ihn zugerannt, und Tom schreit und schreit und schreit …

»Tom, aufwachen!«

Was ist denn das für eine Stimme?, wundert sich Tom. Wieso sagt der Löwe so was Komisches, wo er ihn doch eben noch fressen wollte.

»Wach auf! Aufwachen, Tom! Du hast geträumt!«, hört Tom wieder die Stimme, die sich irgendwie nach Mama anhört.

Tom öffnet die Augen. »Mama!«, ruft er und umarmt sie erleichtert.

Während Mama ihm über den Kopf streicht, drückt er sie eine ganze Weile nur ganz fest an sich. Aber langsam beruhigt er sich wieder und erzählt, was er Furchtbares geträumt hat.

»Warum muss man nur so was Blödes träumen, Mama?«, schimpft Tom, als er zu Ende erzählt hat und sich wieder hinlegt.

»Tja, das habe ich mich bei einem schlechten Traum auch schon häufig gefragt«, sagt Mama und lächelt. »Die meisten Wissenschaftler vermuten, dass wir so die Erlebnisse und Probleme des Tages verarbeiten. Das ist dann so eine Art geistige Entspannung. Weißt du noch, wie enttäuscht du gestern im Zoo warst, als keine Löwen zu sehen waren, und wie du sogar auf die Absperrmauer klettern wolltest?«

»Aber wir erleben doch jeden Tag etwas«, widerspricht Tom. »Da müsste man doch jede Nacht ganz viel träumen. Aber das tu ich nicht! Das weiß ich genau!«

»Du vergisst die meisten Träume«, erklärt Mama. »Man träumt nämlich wirklich jede Nacht. Das haben Wissenschaftler herausgefunden, die schlafende Menschen untersucht haben. Wenn man abends einschläft, wird der Schlaf mit der Zeit immer tiefer, bis man schließlich die Tiefschlafphase erreicht. In dieser Phase träumt man nicht. Bald folgt dann aber wieder eine Phase, in der der Schlaf leichter ist, und in dieser Leichtschlafphase träumt man. Die verschiedenen Tief- und Leichtschlafphasen erlebt man vier bis sechs Mal in jeder Nacht.«

»Na toll, die meisten Träume vergisst man, und ausgerechnet so einen blöden wie den eben, den behalte ich. Aber warum vergisst man eigentlich die meisten Träume?«, fragt er stirnrunzelnd und muss auf einmal gähnen.

»Da sind sich die Wissenschaftler nicht ganz einig«, erwidert Mama. »Viele vermuten, dass Träume im Gehirn anders gespeichert werden als Dinge, die wir tagsüber erleben. Die dringen wahrscheinlich in tiefere

Hirnbereiche ein und werden dort sorgfältiger abgespeichert. Ob man sich an einen Traum erinnert oder nicht, hängt wahrscheinlich damit zusammen, wie viel Zeit zwischen Traum und Aufwachen liegt. Schon nach ein paar Minuten hat man den Traum vergessen.«

»Hm. Du hast mich mitten im Traum geweckt, und ich erinnere mich noch daran. Das könnte stimmen«, überlegt Tom und muss wieder gähnen.

»Und für dich wird es anscheinend Zeit für neue Träume«, sagt Mama.

»Versprichst du mir noch was, Mama?«, flüstert Tom, dem schon die Augen zufallen.

»Was denn?«, fragt Mama gespannt.

»Weck mich mal, wenn ich was Schönes träume, damit ich mich daran erinnern kann.«

»Ich werd mir Mühe geben«, sagt Mama leise und zieht Toms Bettdecke bis zu seinem Kinn hoch. Aber das merkt er schon gar nicht mehr.

Wo ist der Wind, wenn er nicht bläst?

Die Schule ist aus. Auf dem Weg nach Hause weht Julia ein frischer Wind entgegen, und ihr Haar flattert wild umher. »Jippie! Heute kann ich meinen Drachen steigen lassen!«, freut sie sich.

Julia hat nämlich zusammen mit Papa einen Drachen gebastelt. Der heißt Piet, wie Omas knallgelber Kanarienvogel. Und heute kann sie ihn zum ersten Mal fliegen lassen!

Zu Hause klingelt sie Sturm.

»Was ist denn los?«, fragt Mama, als sie die Tür aufmacht.

»Heute lasse ich Piet steigen!«, antwortet Julia fröhlich und rennt an Mama vorbei in ihr Zimmer.

Der Drachen hängt gleich neben den Afrika-Postern. Julia mag Afrika. Und Tiere in Freiheit. Wenn Afrika nur nicht so weit weg wäre.

Sie schnappt sich Piet, gibt Mama einen dicken Kuss und läuft los.

Mama sieht Piets langen, bunten Schwanz immer kürzer werden. Und bevor er ganz verschwindet, fragt sie noch schnell: »Wo willst du denn hin?«

»In den Wind!«, ruft Julia heiter.

Julia hat schon oft Drachen steigen lassen. Mit Papa. Aber heute will sie es zum ersten Mal allein versuchen. Schließlich ist sie schon acht! Außerdem hat Papa ihr alles beigebracht, was man wissen muss.

Auf der Wiese hinter dem Haus legt Julia Piet auf den Boden. Sie rollt ein gutes Stück Schnur von der Spule, genau so, wie Papa es ihr gezeigt hat. Dann rennt sie los. Ab und zu sieht Julia nach hinten. Piet erhebt sich torkelnd vom Boden. Jetzt muss Julia schnell sein. Sie rennt, was das Zeug hält. Erst schwankt Piet noch ein bisschen hin und her. Doch dann steigt er höher und höher in den Himmel. Julia rennt weiter und ruft: »Flieg, Piet, flieg!«

Und als sie sich noch einmal umschaut, steht der Drachen wie eine Eins am Himmel, und sein langer, bunter Schwanz flattert lustig im Wind.

»Geschafft!«, keucht Julia und bleibt stehen.

Doch plötzlich fängt Piet an zu trudeln.

»Manno!«, ruft Julia und versucht, durch Ziehen an der Leine den Drachen in der Luft zu halten. Aber der Wind wird schwächer und schwächer, und Piet trudelt immer tiefer. Schließlich fällt er zu Boden und bleibt platt wie eine Flunder liegen.

»Oje!«, ruft sie und läuft zu Piet. Zum Glück hat er den Absturz heil überstanden.

Als Julia zu Hause ankommt, macht sie ein Gesicht wie sieben Tage Regenwetter.

»Fliegt er nicht?«, fragt Mama.

Julia schüttelt den Kopf: »Kein Wind mehr.«

»Das passiert manchmal«, tröstet Mama. »Mal ist der Wind stärker, mal schwächer.«

»Blöder Wind«, sagt Julia. »Der kann doch nicht einfach abhauen!«

Mama lacht und sagt: »Doch, das kann er. Wind lässt sich nicht beherrschen. Man muss ihn nehmen, wie er kommt. Aber morgen sieht die Welt schon wieder anders aus. Es ist Herbst. Da ist es oft windig. Morgen versuchst du es einfach noch mal!«

Sofort hat Julia wieder bessere Laune. Mit Piet unter dem Arm läuft sie in ihr Zimmer, stellt ihn auf die Fensterbank und sagt: »Sei nicht traurig, Piet. Morgen kannst du wieder fliegen!«

Als Papa nach Hause kommt, hat Julia viel zu erzählen. Von Piets tollem Flug und seinem schlimmen Absturz. Und auch wenn Piet nicht lange oben war, ist Papa doch sehr stolz auf Julia.

Am nächsten Morgen hat Julia es sehr eilig, in die Schule zu kommen.

Als Frau Simons, die Lehrerin, in die Klasse kommt, meldet Julia sich sofort und fragt: »Wo ist der Wind, wenn er nicht bläst?«

Julias Mitschüler sehen sich verdutzt an. Und Frau Simons sagt: »Das ist eine gute Frage. Ich wollte sowieso mit euch über den Wind sprechen. Und darüber, warum es im Herbst so oft stürmt. Fangen wir mit dem Wind an. Was ist eigentlich Wind?«

Alle sehen sich fragend an.

»Wind ist bewegte Luft«, erklärt Frau Simons. »Aber wodurch wird Luft bewegt?«

In der Klasse ist es mucksmäuschenstill.

»Durch Temperaturunterschiede. Wärmere Luft dehnt sich aus und steigt nach oben. An der Heizung können wir das sehr schön sehen. Seht euch mal die Blumen auf der Fensterbank an. Fällt euch etwas auf?«

»Die Blätter wackeln!«

»Genau. Das kommt von der Heizung unter dem Fenster. Die warme Luft steigt nach oben«, sagt Frau Simons und macht eine große Handbewegung in Richtung Decke. »Dadurch wird hier unten Raum frei.« Frau Simons bückt sich und fährt mit der Hand knapp über dem Fußboden hin und her. »In diesen frei werdenden Raum strömt kalte Luft. So entsteht eine Bewegung oder, anders gesagt, eine Zirkulation. Eine Zirkulation ist ein sehr zarter Wind. Und den können wir an den Blättern der Pflanzen sehen.«

»Aber warum ist der Wind manchmal stark und manchmal schwach?«, fragt Julia.

»Das liegt am Temperaturunterschied. Je größer er ist, desto stärker ist auch der Wind.«

Das versteht Julia nicht und fragt: »Wieso? Es ist doch überall gleich warm. Auf dem Schulhof ist es genauso warm wie auf der großen Wiese hinter unserem Haus.«

Da holt Frau Simons den Globus aus dem Schrank. Sie tippt mit dem Finger auf eine Stelle. »Hier leben wir, in Deutschland.«

Julia staunt. Deutschland ist ja gerade mal so groß wie Frau Simons' Fingerkuppe!

»Die Erde ist aber viel größer. In manchen Zonen ist es bitterkalt …«

»… am Nordpol!«, ruft Kai dazwischen.

»Und am Südpol«, ergänzt Frau Simons.

Dann zeigt sie zuerst auf den Nordpol ganz oben auf dem Globus und dann auf den Südpol, der ganz unten ist. »Im Gegensatz dazu ist es in anderen Zonen sehr, sehr heiß.«

»Im Dschungel!«, ruft Julia.

»Genau. Aber wir nennen diese Zone nicht ›Dschungel‹, sondern ›Tropen‹. Mitten durch die Tropen verläuft der Äquator. Genau hier, wo die Erde am dicksten ist. Die Erde hat nämlich in der Mitte einen dicken Bauch.«

»Wie unser Hausmeister!«, sagt Dennis, der Spaßmacher der Klasse.

»Richtig!«, antwortet Frau Simons. »Und deshalb schnallen wir unserer Erde jetzt einen Gürtel um. Den hat unser Hausmeister nämlich auch. Leihst du mir mal eben deinen Gürtel aus, Dennis?«, fragt Frau Simons.

Dennis gibt Frau Simons seinen Gürtel, und sie spannt ihn um die dickste Stelle des Globus. Genau in der Mitte.

»Passt wunderbar!«, stellt Frau Simons zufrieden fest. »Genau hier, wo der Gürtel ist, verläuft der Äquator.« Dabei fährt Frau Simons mit ihrem Zeigefinger einmal rund um die Weltkugel.

»Am Äquator ist es am heißesten, weil dort die Sonne fast senkrecht am Himmel steht. So treffen die Sonnenstrahlen fast senkrecht auf die Erde und erwärmen sie entsprechend stark. Und egal, wohin wir mit unserem Finger auf dem Äquator auch wandern, nach Afrika, Südamerika oder nach Indonesien, überall ist es gleich heiß. Deshalb stellen wir uns nun einfach vor, der Gürtel sei eine riesengroße Heizung, die einmal rund um die Erde gespannt ist. Im Gegensatz dazu ist es an den Polen bitterkalt. Und da haben wir auch schon unsere riesigen Temperaturunterschiede. Nun hat der Wind eine ganz besondere Eigenschaft: Er weht immer vom warmen in den kalten Bereich. Also vom Äquator zu den Polen. Und zwar in beide Richtungen, einmal in Richtung Nordpol und einmal in Richtung Südpol. So entstehen die großen Winde, die rund um die Erde wehen. Wind ist fast immer und überall, wenn nicht gerade absolute Windstille herrscht.«

Frau Simons gibt dem Globus einen leichten Stups, atmet tief ein und bläst mit dicken Backen vom Äquator in Richtung Nordpol.

Julia staunt. Nie hätte sie gedacht, dass der Wind von so weit her kommt! Nur eines versteht sie immer noch nicht und fragt: »Aber warum stürmt es im Herbst und im Winter am meisten?«

»Weil dann die Temperaturunterschiede besonders groß sind. Im Sommer ist es auch bei uns schön warm. Prompt haben wir weniger Wind. Manchmal ist es sogar absolut windstill. Dann sind die Temperaturen auf der Erde ausgeglichen. Aber im Winter ist es bei uns richtig kalt und in den Tropen heiß. Dort ist es nämlich immer gleich heiß. Deshalb gibt es im Herbst und Winter öfter Stürme. Sie haben die Aufgabe, die Temperaturunterschiede auszugleichen. So bekommt die ganze Erde durch den Wind etwas von der Wärme des Äquators ab.«

»Aber warum weht der Wind aus immer unterschiedlichen Richtungen?«, will Kai wissen.

»Weil es nicht nur die großen Winde, die vom Äquator kommen, gibt, sondern noch zahlreiche kleinere Winde. Da brauchen wir nur an unse-

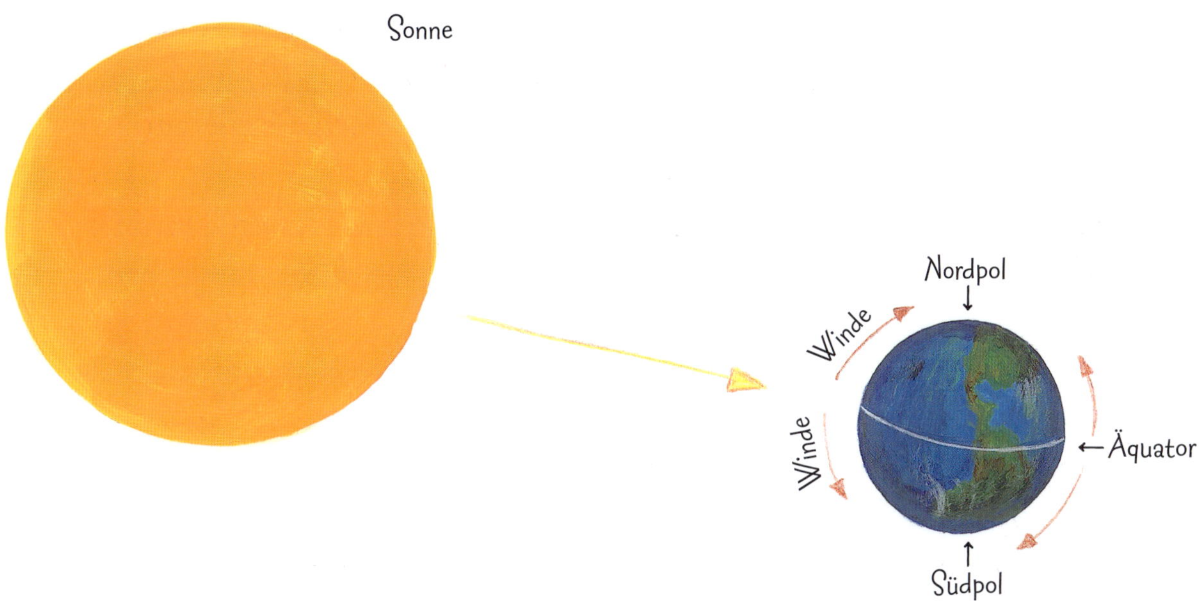

ren Heizungsversuch von vorhin zu denken. Wind entsteht immer da, wo es Temperaturunterschiede gibt. Und Temperaturunterschiede gibt es überall. Auch bei uns. Zwischen Berg und Tal oder zwischen Meer und Land.«

»Am Meer ist es immer windig!«, ruft Julia. »Da kann man ganz toll Drachen steigen lassen! Sogar im Sommer!«

»Das ist ein sehr gutes Beispiel!«, sagt Frau Simons begeistert. »Wenn tagsüber die Sonne scheint, werden das Land und die darüber befindliche Luft stärker aufgeheizt als das Meer und die Luft darüber. Wärmere Luft dehnt sich aus und steigt nach oben, in den frei werdenden Raum strömt kalte Luft nach. Dadurch entsteht Wind von der Meerseite her. Übrigens ist es in der Nacht genau andersherum. In der Nacht kühlt das Land schneller ab als das Meer. Deshalb kommt der Wind nun von der Landseite. Aber eines ist immer gleich, ob Tag oder Nacht: An der Küste weht ein ständiger Wind.«

Frau Simons schnallt den Gürtel vom Globus ab und gibt ihn an Dennis zurück. Wieder sehen alle gespannt zu. Kaum hat Dennis seinen Gürtel umgebunden, ruft einer: »Dennis hat eine Heizung um den Bauch!«

Die ganze Klasse lacht. Dennis ist froh, als die Stunde endlich vorbei ist und Mathe auf dem Plan steht.

Als Julia an diesem Tag nach Hause geht, weht ihr wieder ein frischer Wind entgegen. Julia freut sich und rennt, so schnell sie kann, nach Hause.

Schon von Weitem sieht sie Piet im Fenster stehen. Wenig später sind die beiden auch schon auf der Wiese hinter dem Haus. Julia läuft los. Und während Piet immer höher steigt, ruft Julia ausgelassen: »Hey, Wind, erzähl uns von Afrika!«

Natürlich weiß Julia, dass der Wind auch aus einer anderen Richtung kommen kann. Doch plötzlich läuft sie nicht mehr über die grüne Wiese, sondern durch die hohen Gräser der Savanne, vorbei an Antilopen- und Zebraherden.

Das ist der Beweis! Dieser Wind kommt aus Afrika!

Und als Piet ganz ruhig am Himmel steht, lässt sie sich ins hohe Gras fallen und denkt: Ach, ist das schön! Afrika ist doch viel näher, als ich dachte!

Geschichtennachweis

Die folgenden Geschichten wurden von Petra Maria Schmitt verfasst:

Warum ist die Banane krumm?
Warum hat der Regenwurm keine Füße?
Welches Tier ist das stärkste?
Warum leuchten die Sterne?
Warum haben Menschen unterschiedliche Hautfarben?
Wie kommt das Salz ins Meer?
Wie fühlt es sich an, alt zu sein?
Wohin geht die Sonne, wenn wir schlafen?
Wo ist der Wind, wenn er nicht bläst?

Die folgenden Geschichten wurden von Christian Dreller verfasst:

Warum können Flugzeuge fliegen?
Warum bekommt der Specht beim Klopfen keine Kopfschmerzen?
Wie kommt der Strom in die Steckdose?
Warum verlieren die Bäume im Herbst ihre Blätter?
Warum fallen Milchzähne aus?
Wie kommen die Löcher in den Käse?
Wie kommen die Bilder in den Fernseher?
Warum können manche Fische ertrinken?
Warum ist der Himmel blau?
Warum vergisst man manchmal Träume?